最强大脑训练丛书

魔幻的数字

陶于海 编著

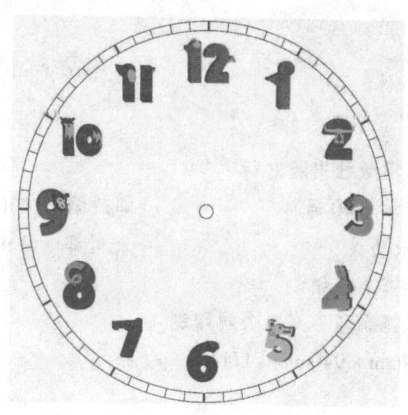

郑州大学出版社
郑州

图书在版编目(CIP)数据

魔幻的数字 / 陶于海编著 .—郑州 : 郑州大学出版社 , 2016.10

(最强大脑训练)

ISBN 978-7-5645-2963-5

Ⅰ. ①魔… Ⅱ. ①陶… Ⅲ. ①智力游戏—少儿读物 Ⅳ. ① G898.2

中国版本图书馆 CIP 数据核字 (2016) 第 053995 号

郑州大学出版社出版发行
郑州市大学路40号   邮政编码 :450052
出版人 :张功员   发行部电话 :0371-66658405
全国新华书店经销
北京柯蓝博泰印务有限公司印制
开本 :660mm×940mm   1/16
印张 :10
字数 :117 千字
版次 :2016 年 10 月第 1 版   印次 :2016 年 10 月第 1 次印刷

书号 : ISBN 978-7-5645-2963-5   定价 :28.00 元

本书如有印装质量问题,请向本社调换

前　言

　　相信有一个现象，大家都知道：数字无处不在、无时不有。我们的日常行为更是与数字息息相关。

　　数字的，用途很广，譬如我们在做自我介绍的时候就会用到数字：我生于 2007 年 12 月 11 日，我的幸运号码是 6。

　　随着时代的发展，数字的形状已经变得十分独特而优美。"1"像铅笔能写字；"2"像鸭子水中游；"3"像金鱼嘟起嘴来的俏皮模样；"4"像红旗迎风飘；"5"像虎克船长的金钩手；"6"像老师吹的哨子；"7"像镰刀能割草；"8"像扁扁的猪鼻子；"9"像一个断了线的气球；"0"像一颗圆滚滚的弹珠！

　　试想一下，如果我们的生活没有数字怎么办：超市购物时，如何计算花费呢，如果一直沿用古代的物物交换，那该是多么不方便呀。没有数字表示时间的流逝，那上下班的时间该如何界定，相应的生活也是一团糟。

　　透过数字背后，常常是思维逻辑的运用。比如，商

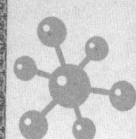

场打折时,一件服装八折,两件服装六点五折,那么你是购买一件还是两件,这不仅仅是数字问题,也不是简单的计算方式,更是数字在生活中的典型体现。

华罗庚说过这样一句话:"宇宙之大,粒子之微,火箭之速,化工之巧,地球之变,生活之谜,日用之繁,数字无处不在。"生活中有数字,数字就在生活中,每天用得最多的还是数字。

只有真正认识数字、发现数字,才会爱上数字。

目 录

第一章　案件中的数字 …………………………………… 1
  1. 凶案发生的确切时间 ………………………………… 2
  2. 一名数学家的遗产 …………………………………… 3
  3. 逃跑的汽车 …………………………………………… 4
  4. 虚伪的慈善家 ………………………………………… 5
  5. 确切的时间 …………………………………………… 6
  6. 奇怪的保密号码 ……………………………………… 6

第二章　聪明的小动物 …………………………………… 8
  1. 算一算有几条雪橇犬 ………………………………… 9
  2. 乌鸦的启示 …………………………………………… 10
  3. 猎物的多少 …………………………………………… 11
  4. 小鸟飞行的路程 ……………………………………… 12
  5. 聪明的小白鼠 ………………………………………… 12
  6. 淘气的猴子 …………………………………………… 13
  7. 养小鸡的故事 ………………………………………… 14
  8. 公鸭子和母鸭子的个数 ……………………………… 15
  9. 卖力的蜘蛛 …………………………………………… 15

10．孙悟空收蟠桃 ·················· 17
　11．有关牛吃草的问题 ·············· 17
　12．鸡鸭鹅的计算 ·················· 18
　13．狡猾的狐狸的伎俩 ·············· 20
　14．老伯分牛 ······················ 22
　15．买鸡的推算 ···················· 23
　16．小蚂蚁的任务 ·················· 24
　17．有关猪肉的计算 ················ 25

第三章　奇妙的数字游戏 ················ 26
　1．四个数的数值 ··················· 27
　2．生日的推断 ····················· 28
　3．绳子对折折成几段 ··············· 29
　4．体重的趣题 ····················· 30
　5．戒烟成功的日期 ················· 31
　6．水桶的溢出时间 ················· 32
　7．小奇的年龄 ····················· 33
　8．有趣的魔术 ····················· 33
　9．剪彩页的故事 ··················· 35
　10．客人的多少 ···················· 36
　11．有关挂历的故事 ················ 36
　12．食用盐的多少 ·················· 38
　13．新的电话号码 ·················· 39
　14．有关公倍数的故事 ·············· 39
　15．算一算莉莉家的门牌号码 ········ 41
　16．玩调色板引发的思考 ············ 42

17．家庭的人数 …………………………………… 43

18．怎样摸对袜子的颜色 ………………………… 44

19．同学的人数 …………………………………… 46

20．大河的宽度 …………………………………… 47

21．年龄的推断 …………………………………… 48

22．开花的果树 …………………………………… 48

23．火车的开车时间 ……………………………… 50

24．飞驰的火车 …………………………………… 51

25．迷路的人数 …………………………………… 52

第四章　机智的商人…………………………………… 53

1．购买皮套的故事 ……………………………… 54

2．西瓜的价格 …………………………………… 55

3．可怜的牧马人 ………………………………… 56

4．孩子的钱数 …………………………………… 56

5．魔术师的技法 ………………………………… 57

6．赔偿的鸡蛋 …………………………………… 58

7．火车票的种数 ………………………………… 59

8．买书的价格 …………………………………… 60

9．损失的金额 …………………………………… 61

10．聪明的商人 …………………………………… 62

11．魔术师的魔术 ………………………………… 63

12．开会的人数 …………………………………… 64

13．服务费的多少 ………………………………… 64

14．算一算哪个最便宜 …………………………… 65

15．一共卖了多少鱼 ……………………………… 66

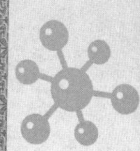

16. 小饰品的单价 …………………………… 67
17. 一共要印刷几页 …………………………… 68
18. 卖西瓜的故事 …………………………… 68
19. 买铅笔的故事 …………………………… 70
20. 公司的礼仪 …………………………… 71
21. 错误数字的查找 …………………………… 72
22. 赠送的酒席 …………………………… 72
23. 买鸡和卖鸡 …………………………… 73
24. 贸易会上的问题 …………………………… 74
25. 卖房子的结果 …………………………… 75
26. 谁来听课 …………………………… 75
27. 童话故事选的单价 …………………………… 76
28. 小贩之间的交换 …………………………… 77
29. 赚钱还是赔钱 …………………………… 78
30. 卖丝巾的问题 …………………………… 78

第五章　如何分配呢 …………………………… 80
1. 房间的价格 …………………………… 81
2. 桃子的分配 …………………………… 82
3. 分苹果的故事 …………………………… 83
4. 检票口的个数 …………………………… 84
5. 哪个公司薪水高 …………………………… 84
6. 皇后的珠宝 …………………………… 85
7. 数一数硬币的数量 …………………………… 86
8. 年龄的计算 …………………………… 87
9. 正确地分酒 …………………………… 89

10．分汽车的数学题 …………………………………… 90

11．奇怪的比例 ………………………………………… 91

12．轮流上班 …………………………………………… 91

13．手指的组合 ………………………………………… 92

14．猎物的多少 ………………………………………… 93

15．种玉米的故事 ……………………………………… 94

16．包子店的老板娘 …………………………………… 95

17．得票数量 …………………………………………… 95

18．大米的数量 ………………………………………… 96

19．奇怪的计程表上的数字 …………………………… 97

20．买苹果的故事 ……………………………………… 97

21．乐乐球的故事 ……………………………………… 98

22．不同面值的邮票 …………………………………… 99

23．啤酒瓶的回收 ……………………………………… 99

第六章　算算谁会赢 …………………………………… 101

1．赛跑的结果 ………………………………………… 102

2．跳跃比赛的输赢 …………………………………… 102

3．比赛的胜利者 ……………………………………… 104

4．NBA 的结果 ………………………………………… 105

5．赌局的输赢 ………………………………………… 106

6．谁当小偷 …………………………………………… 107

7．邮资的变化 ………………………………………… 108

8．不同的推断 ………………………………………… 108

9．奇怪的运动编号 …………………………………… 110

10．掷骰子的概率 ……………………………………… 111

11．升职的名单 ……………………………………… 111

第七章　先人的智慧 …………………………………… 113

1．有关古人的试题 ………………………………… 114
2．旅行家的旅行故事 ……………………………… 115
3．有趣的数字 ……………………………………… 116
4．迎娶公主的比赛 ………………………………… 117
5．谁坐马车谁坐汽车 ……………………………… 118
6．农田的大小 ……………………………………… 119
7．年龄的计算 ……………………………………… 120
8．敲钟的和尚 ……………………………………… 120
9．高耸的塔楼 ……………………………………… 121
10．聪明的牧羊人 …………………………………… 122
11．奇怪的方阵 ……………………………………… 123

第八章　疯狂数独118 ……………………………… 125

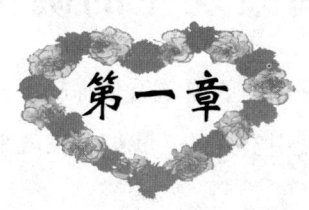

第一章

案件中的数字

　　数字在我们日常生活中经常用到：超市购物需要计算花销，银行存款、取款也需要懂数字，电梯里的楼层数，年龄的标记……当然作为小学生的你，在课堂中，数字更是频繁出现，数学无法离开数字而独立存在。

　　但是，小朋友们，你们知道吗，数字还有其他用途，本章就数字在案件中的作用讲述几个小故事，从这些故事中我们可以领略到数字独有的魅力。

　　这些小故事在向我们展示数字独有的魅力的同时，也告诉我们要做生活的有心人，拥有认真和严谨的思维才能更好地利用数字解决生活的难题。

凶案发生的确切时间

小朋友，你们平时是否喜欢看侦探故事？是不是被故事中跌宕起伏的情节深深吸引？好的，我们现在就来讲一个有关侦探的故事。

在一个普通的晚上，忽然邻居听到一阵刺耳的惨叫。当时邻居并没有完全留意。可是第二天早上醒来，却发现昨天晚上的惨叫声是受害者最后的叫声。

为了调查案件，当地的警察把居民们都召集在一起，然后向邻居了解案发当天凶案发生的具体时间。

一位大妈说她听见的受害人最后的惨叫时间是23点8分；另一个女孩说她听见受害人最后的惨叫时间是22点40分；楼下烟酒店的小老板说他听见受害人最后的惨叫时间是23点15分；最后一位老大爷说他听见受害人最后的惨叫时间是22点53分。

不巧这四个邻居的手表都不准确，在这些手表中，其中一个慢12秒，另一个快3秒，接着有一个快10秒，最后一个慢25秒。

好了，故事讲完了。你可以根据上述的数据，用数学原理来判断凶手的作案时间吗？

凶案发生的确切时间：

凶手的作案时间为23点5分。

2 一名数学家的遗产

从前,有一位非常年轻的数学家,他在数学方面做出过很大的贡献,为此国王恩赐他一大笔的财富。

几年以后,数学家生了一场大病,他感觉自己的时间不多了。在奄奄一息的时候,他强撑着虚弱的身体,留下一份遗嘱。

这位数学家的遗嘱是这样写的:"如果,我的妻子所生的是男孩,那么,我的儿子将来要继承我 2/3 的遗产。我将赠予我的妻子 1/3 的遗产。如果,我的妻子所生的是女孩,那么,我的女儿将来要继承我 1/3 的遗产。我将赠予我的妻子 2/3 的遗产。"

就在这位数学家写完这份遗嘱的时候,他的夫人正在孕育他们的第一胎小孩。非常令人惋惜的是这位数学家没有看到自己的亲生骨肉,就离开了人世。

数学家的夫人在痛失丈夫之后,生下了一对龙凤胎。

那么请问:按照数学家的遗嘱,我们怎样将他的财产分赠给他的妻子、儿子和女儿呢?

一名数学家的遗产的答案:

按照数学家的遗嘱,我们应该这样将他的财产分赠给他的家人:妻子 2/7、儿子 4/7 和女儿 1/7。

3 逃跑的汽车

小朋友，你们在走路的时候可要当心，公路上的汽车有的时候是来不及刹车的。下面，我们就来讲述一个有关汽车司机撞人后逃逸的事情。

一天，在一座小城市发生了一起车祸，汽车司机撞人后逃跑了。被撞翻的是个小伙子，还没有被送到医院就不幸身亡了。因为，当时是清晨，公路上的行人非常稀少。已知该城市只有两种颜色的车，黑色25%，灰色75%。车祸发生时有一个人目睹了车祸的过程，他指证是黑车，但是根据专家分析，当时那种光线能确定是黑色的可能性是90%。那么，逃跑的车是黑色的概率到底是多少？

逃跑的汽车的答案：

逃跑的车是黑色的概率是75%。

4 虚伪的慈善家

在很久以前,有一位家财万贯的富人。他平时乐善好施。大家称他为慈善家。

可是,有一天,这位"慈善家"露出了马脚。

这天,这位慈善家在一家饭馆吃饭,和朋友们聊得很兴奋的时候,慈善家很得意地说:"在这个星期我把50枚银圆施舍给了10个可怜的人。我不是平分给他们的,而是根据他们各自的贫困状况给的。而且,他们每个人得到的银圆的数目都不相同。"

听到这里,一位聪明的年轻人实在忍受不住了。他站起身,对着慈善家大声说:"你是个虚伪的伪慈善家,你说的都是谎话。"

被这位青年揭穿底细后,那位慈善家惭愧得无地自容。他悄悄地离开了饭馆。

小朋友们,你们知道这位聪明的年轻人是根据什么来判断慈善家的是谎话呢?开动脑筋想一想,你就会知道了。

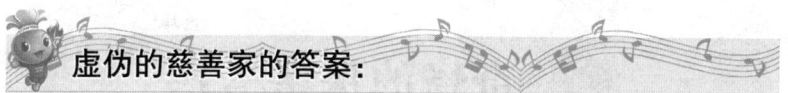

虚伪的慈善家的答案:

因为如果让这10个人都得到枚数不等的银币,至少要 "1+2+3+…+10=55(枚)" 银币。

⑤ 确切的时间

在很久以前,有一位神探名叫克鲁斯。他不仅认真仔细、办案效率高,而且,天资聪慧、很爱动脑筋。

有一天,士兵吉恩向长官克鲁斯说:"尊敬的长官,早上好!请问,您能告诉我现在是几点钟吗?"克鲁斯马上答应了。但是,考一考杰恩的数学能力。克鲁斯说:"从午夜到现在这段时间的四分之一,加上从现在到午夜这段时间的一半,就是我给你的答案。"

小朋友,你能根据克鲁斯给的各种条件,来计算出当时的准确时间吗?

确切的时间的答案:

长官克鲁斯所说的当时的准确时间是12点钟。

⑥ 奇怪的保密号码

小朋友们,你们知道什么是保密号码吗?

有一位叫尼古拉斯耶夫的人。热衷保密号码,每次和别人谈起他的保密号码,他总是非常得意。

他告诉别人:"我是这样的方法来记住自己的保密号码的。取一个五边形图案,标上0到9这十个数字。让这十个数字不重

复地分别使用一次，当中5个数字就放在5个角上，其余的5个数字都放在五边形的每条边的中心点上。"

有人问他："你如果这样安排的话，它的组合实在太多了，好像算不出来吧。"

尼古拉斯耶夫神秘地说："在这次计算中有一个诀窍，五边形的每一条边上的3个数字的和都相等。"

有人追问道："那这样解答起来，实在是太简单了。"

尼古拉斯耶夫得意地说："另外，5个角上的数字要么统统是奇数，要么统统是偶数，当然偶数也包括0。这样的话至少有两种可能。不，确切地说一共有4种可能——我把这10个数字不重复地放在五角形的五个边和角上。然后我可以按顺时针方向填，也可以按逆时针方向填"。

小朋友们，现在你能计算出这个保密号码到底是多少吗？

奇怪的保密号码的答案：

尼古拉斯耶夫的保密号码为9418325670。

12345
67890

第二章

聪明的小动物

　　计算是人类独有的复杂思维,但是有些聪明的动物也会"计算",尽管这种所谓的"计算"在人类看来是那么简单和容易,但是动物的"计算"往往与思维无关,更多的是生活经验的积累。

　　这种生活经验的积累,往往令我们人类惊艳和赞叹。聪明的动物在计算时的行为、举动也给我们带来种种启迪。

1. 算一算有几条雪橇狗

小朋友们,你们看到过雪橇犬吗?雪橇犬是一种生长在北极附近的动物。当地的人们经常利用雪橇犬来拖动雪橇。

以下就是有关雪橇犬的数学题。杰克·伦敦因为急着去看一位奄奄一息的朋友,赶着5条狗的雪橇,从斯卡格雅伊去往那位朋友的住处。

第一天,杰克·伦敦赶着雪橇车全速行驶,但不幸的是有两条狗挣断了绳索,被狼群带走了。杰克·伦敦只能使用3条狗的雪橇来行驶完剩下的路途。他行驶的速度只是第一天的三分之二。因为这个突发的状况,杰克·伦敦比规定的日期要晚两昼夜才到达朋友家。

我们来假设一下,如果,杰克·伦敦逃走的两条雪橇狗能够再拖雪橇走五十千米,杰克·伦敦比规定的时间仅晚到一天。

小朋友们看完这个故事。你们有什么启示呢?想知道杰克·伦敦从斯卡格雅伊到朋友住处有多少千米路,你就开动小脑筋想一想吧。

算一算有几条雪橇狗的答案:

杰克·伦敦从斯卡格雅伊到朋友住处有 $133\frac{1}{3}$ 千米路。

2 乌鸦的启示

我们知道，长方体的体积等于长乘以宽再乘以高，正方体的体积等于棱长的立方。可是小朋友们你想过没有，要想知道一只鸡蛋的体积是多少，应该怎么计算？

面对这个问题，你或许会一筹莫展，因为鸡蛋的外形不规则，没有现成的公式可用。

其实，这个问题很简单。就和小朋友们读过的《乌鸦喝水》这篇文章一样。乌鸦发现瓶子里有水，但是瓶口太小，水面又太低，怎么办呢？聪明的乌鸦发现周围有小石子，于是衔来石子，放入瓶中。每放进一块小石子，水面就会上升一次；投进的石子体积越大，水面上升得就越高。这是因为投入的石子有"体积"，占据一定的空间，于是，石子就把与它体积相等的水"挤"上去。也就是说，被"挤"上去的水的体积恰好等于投进石子的体积。

石头的体积难以求出，因为它的形状很不规则。如果我们能计算出被它"挤"上去的水的体积，事情就好办多了。只要我们用一个长方体器皿，就很容易算出被"挤"出来的水的体积了。

假设这个长方体器皿底面是边长 4 厘米的正方形,放入石头后水面上升了 2 厘米,那么,石头的体积是 $4 \times 4 \times 2 = 32$(立方厘米)。到这里,你一定会高兴地叫起来:"那我也会求鸡蛋的体积了。"

乌鸦给的启示答案:

乌鸦的聪明之处,在于它借助小石子,使瓶中的水面上升,从而喝到了它想喝的水。

人类的聪明之处,在于从乌鸦喝水想出了"等量代换"的妙计。

这就是乌鸦给我们的启示!

3 猎物的多少

小赵、小钱、小孙是三个感情非常好的朋友,他们时常结伴去打猎。

一天,小赵、小钱、小孙三人又结伴去打猎。小赵打了 3 只野猪;小钱打的野兔的数量是小赵和小孙两个人打到的野兽总数的一半;小孙打到的老鹰的个数是小赵和小钱两人打到的野兽的数量之和。

那么,小朋友们,你们能不能计算出小钱打了多少猎物?小孙打了多少猎物?

猎物的多少的答案:

在这次打猎中小钱打了 6 只野兔;小孙打了 9 只老鹰。

小鸟飞行的路程

我们来讲一个有关火车和小鸟的故事。

有一列火车以每小时 20 千米的速度从北京开往上海。另一列火车以每小时 20 千米的速度从上海开往北京。

如果一只小鸟,以每小时 30 千米的速度和以上两列火车同时启动,从上海出发,待遇到另一列火车后返回。如此这般,来回飞行,直到两列火车相遇。

那么,亲爱的小朋友,请问这只小鸟一共飞行了多远的距离?

小鸟的路程的答案:

在这次飞行中,小鸟一共飞行了全程的 6/7。

聪明的小白鼠

小朋友们,我们现在来看一个有关猫和老鼠的故事

一天,一只小花猫捉到 5 只老鼠。它命令老鼠们排成一队。然后一、二报数,吃掉所有数"一"的老鼠。剩下的老鼠进行第二轮一、二报数,吃掉所有数"一"的老鼠。最后剩下一只小白鼠。

小花猫又捉到 9 只老鼠,连同上次吃剩下来的小白鼠,共计 10 只。它还是命令这些老鼠排成一队,然后按照一、二报数,吃掉数"一"的老办法,进行三轮,最后还是剩下这只小白鼠。

猫觉得很奇怪，问道："怎么还是你？"

小白鼠回答说："我计算过，剩下的一定是我。"

猫又问："上次你排第4位，这次排第8位，位置都是算出来的吗？"

好了。聪明的小朋友，能帮小花猫回答这个问题吗？

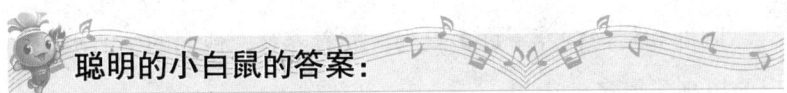

聪明的小白鼠的答案：

这只聪明的小白鼠是这样站立的：第一次5只老鼠，利用2×2=4，小白鼠排在第4个位置。第二次10只老鼠，利用2×2×2=8，小白鼠排在第8个位置。下次如果有20只老鼠，小白鼠就排在第16个位置了。

6 淘气的猴子

众所周知，猴子最喜欢吃桃子了。树上长出来了许多大大的桃子，猴子们看了以后，垂涎欲滴。那么问题来了，如果每只猴子吃2枚桃子，那么，树上还会剩下2枚桃子。如果每只猴子吃4枚桃子，那么，就会有2只猴子吃不上桃子。

好了，小朋友们，你们能够计算出一共有几只猴子？一共有几枚桃子吗？

淘气的猴子的答案：

一共有5只猴子，12枚桃子。

养小鸡的故事

从前,有一对农民夫妻,他们非常穷苦,但是,非常恩爱。小日子过得还算甜美。

阿郎和阿梅饲养了许多只鸡,靠着养鸡,他们的生活水平比以前提高了很多。

一次阿郎对阿梅说:"亲爱的,我们现在有两个方案。一个方案是卖掉 75 只小鸡,那么我们的鸡饲料还够维持 20 天,另一个方案是买进 100 只小鸡,那么我们的鸡饲料还够维持 15 天。"

阿梅朝阿郎笑了笑说:"老公,你说了半天,我还没有弄清我们家里一共养了多少只小鸡呢?"

小朋友们,你们能够计算出阿郎和阿梅,家里一共养了多少只小鸡吗?

 养小鸡的故事的答案:

阿郎和阿梅家里一共养了 300 只小鸡。

8 公鸭子和母鸭子的个数

从前，有一对的鸭子夫妇，它们一个英俊帅气，一个漂亮妩媚，过着幸福的生活。

一段时间以后，鸭子妈妈产了四枚鸭蛋。鸭子爸爸乐坏了，它对鸭子妈妈说："亲爱的，你说我们的宝宝有几只是公鸭子、几只是母鸭子呢？"

鸭妈妈摇着头笑着说："我也不知道呢。"于是，鸭爸爸就开展了它的一系列的推断。四只都是公的，这个几率很小；四只都是母的，这个概率也很小。因为，每只鸭子公母的概率是百分之五十对百分之五十。所以，很明显，亲爱的，我们的最有可能的结果是两只公鸭子和两只母鸭子。"

朋友们，你们来判断一下鸭爸爸的推断是否正确。

公鸭子和母鸭子的个数答案：

按照概率原理，鸭爸爸的推断是不正确的，生公鸭子的概率应该和生母鸭子的概率一样，都是二分之一。

9 卖力的蜘蛛

小朋友们，你们看到过蜘蛛吗？知道蜘蛛是益虫吗？那么，我们现在就来讲一个有关蜘蛛爬墙的故事。

在很久很久以前，有一只辛勤的蜘蛛。它不仅努力地打猎，捕杀害虫，而且它的意志力也很坚强。

一天，这只蜘蛛沿着垂直的墙壁往上爬行。一个小时后，它到达离顶点还有一半路程的位置；又过了一个小时后，它爬了剩余路程的一半，到达离顶点还有四分之一路程的位置；又过了一个小时后，它又爬了剩余路程的一半，到达离顶点还有八分之一的位置。

小朋友们，如果这只蜘蛛按照这样的速度往上爬，它需要多久才能到达墙壁的顶点？

卖力的蜘蛛的答案：

这个蜘蛛按照这样的速度往上爬，它永远也不能到达墙壁的顶点。

10 孙悟空收蟠桃

大家喜欢看《西游记》吗？是不是非常喜欢里面的孙悟空呢？我们现在就来讲诉一个孙悟空收蟠桃的故事。

一天，孙悟空在天宫的蟠桃园里闲逛。突然，他想起来应该把这么些蟠桃带到花果山去享用。

于是，孙悟空准备把收获的蟠桃每10只装一袋带回花果山。但是，装到最后，孙悟空发现还剩下9只蟠桃。如果每9只装一袋。则剩下8只；如果每8只装一袋。则剩下7只；如果每7只装一袋。则剩下6只；如果每6只装一袋。则剩下5只。

孙悟空计算了一下，用这堆蟠桃的总数除以5余4，除以4余3，除以2余1。

小朋友们，你们能算出孙悟空收获的蟠桃至少有多少只吗？

孙悟空收蟠桃的答案：

孙悟空收获的蟠桃至少有2519只。

11 有关牛吃草的问题

小朋友们，你们知道牛顿吗？牛顿是英国的一位非常有名的科学家。一天，牛顿到一个农场里探访，他看到几个小孩在院子里玩耍，就讲了一个故事来考考小朋友。

故事是这样的：在一家牧场上有一片绿油油的青草，这些青草都生长得一样快。如果这片青草供给10头奶牛吃，可以吃22天；如果这片青草供给16头奶牛吃，可以吃10天；那么，如果这片青草供给25头奶牛吃，可以吃多少天？

亲爱的小朋友们，你们能正确回答出这个问题吗。

有关牛吃草的问题的答案：

如果这片青草供给25头奶牛吃，可以吃5.5天。

12 鸡鸭鹅的计算

英国有一位著名的数学家名叫斯威夫特。他爱上了一位非常美丽的姑娘。在他30岁那年如愿和这位名叫玛丽的姑娘结婚，建立了自己的家庭。夫妻的关系非常和睦，小日子过得非常甜蜜。

光阴似箭，岁月如梭，一转眼半个世纪过去了，到了他和玛丽五十年金婚的日子。斯威夫特正好80周岁。

斯威夫特的儿孙都来向他祝寿。斯威夫特非常高兴，为了一

起庆祝这个值得纪念的日子。斯威夫特拿出来10英镑11先令（1英镑等于20先令），嘱咐佣人去购买一些火鸡、鸭和鹅。

令人诧异的是：佣人买完斯威夫特要求购买的若干只动物后，钱恰好用完了。

按照当地的风俗：同种家禽无论是大是小，都以相同的价格出售。并且，如果用先令来计算，每种家禽的售价恰恰得出一个整数。

斯威夫特拿出的钱的数量是10英镑11先令，并且，每一种家禽所购买的个数恰恰是每只家禽的售价的数量，其中，火鸡的价格最贵，然后是鸭子，最后是鹅。他们一共买了23只家禽。

小朋友们，你们能算出斯威夫特一共购买了几只火鸡、几只鸭子和几只鹅吗？

鸡鸭鹅的计算的答案：

购买了火鸡为X；购买了鸭子为Y；购买了鹅为Z。那么用代数方法就可以解答。火鸡买了11只，鸭子购买了9只，鹅购买了3只。

13 狡猾的狐狸的伎俩

小朋友们，你们听说过狐狸的故事吗？是不是对狡猾的狐狸恨之入骨？现在我们来讲述一个有关狐狸和山羊的故事。

狐狸瘸着腿一拐一拐地走着，心里琢磨着怎样才能发财。

瘸腿狐狸看见老山羊在卖大葱，走过去问："老山羊，这大葱怎样卖法？共有多少葱啊？"

老山羊说："1千克葱卖1元钱，共有100千克。"

瘸腿狐狸眼珠一转，问："你这葱，葱白多少，葱叶又是多少呀？"

老山羊颇不耐烦地说："一棵大葱，葱白占20%，其余80%都是葱叶。"

瘸腿狐狸掰着指头算了算，说："葱白呢，1千克我给你7角。葱叶呢，1千克给你3角。7角加3角正好等于1元，行吗？"

老山羊想了想，觉得狐狸说得也有道理，就答应卖给他了。狐狸笑了笑，开始算钱了。

狐狸先列了个算式：

$0.7×20+0.3×80=14+24=38$（元），然后说："100千克大葱，葱白占20%，就是20千克。葱白1千克7角钱，总共是14元；

葱叶占 80%，就是 80 千克，1 千克 3 角钱，总共是 24 元。合在一起是 38 元。对不对？"

老山羊算了半天，也没算出个数来，只好说："你算对了就行。"

"我狐狸从不蒙人！给你 38 元，数好啦！"狐狸把钱递给了老山羊。老山羊卖完葱往家走，总觉得这钱好像少了点，可是少在哪儿呢？想不出来。他抬头看见小猕猴从树上跳了下来，就让小猕猴帮忙算算这笔账。

小猕猴说："你原来大葱是 1 千克卖 1 元。你有 100 千克，应该卖 100 元才对，瘸狐狸怎么只给你 38 元呢？"

老山羊点了点头，知道自己吃亏了。可是他不明白，自己是怎样吃的亏？

小猕猴说："狐狸给你 1 千克葱白 7 角，1 千克葱叶 3 角，合起来算是 2 千克才 1 元钱，这你已经吃一半亏了。"

老山羊问："吃一半亏，我也应该得 50 元才对，怎么只得 38 元呢？"

小猕猴写了一个算式：

（1－0.7）×20＋（1－0.3）×80＝6＋56＝62（元）。

"你 1 千克葱白吃亏 0.3 元，20 千克吃亏 6 元；1 千克葱叶吃亏 0.7 元，80 千克吃亏 56 元，合起来正好少卖了 62 元。"

好了，小朋友们请你算一算到底是瘸腿狐狸的计算方法正确，还是小猕猴的算法正确？

狡猾的狐狸的伎俩的答案：

小猕猴说的是正确的，瘸腿狐狸的计算方法是错误的。

14 老伯分牛

从前,有个老人,他勤勤恳恳一辈子,只留下了耕牛,到了弥留之际,他把几个儿子叫到身边,准备把耕牛分给他的儿子们。

他规定:给老大的是一头牛及牛群余数的1/7;给老二的是两头牛及牛群余数的1/7;给老三的是三头牛及牛群余数的1/7;给老四的是四头牛及牛群余数的1/7。依此类推。就按照这种分法,老人把整个牛群一只不剩地分配给了他的所有儿子。

那么,小朋友们,你们能够计算出老农总共有多少个儿子和多少头牛吗?

老伯分牛的答案:

老农总共有6个儿子和36头牛。

15 买鸡的推算

从前,有一位智者,他为了看看自己的孩子哪个比较聪明,哪个比较愚钝。便出一道试题。

试题是这样的:花 100 文钱买了 100 只鸡。每只公鸡价格是 5 文钱,每只母鸡价格是 3 文钱,每三只小鸡价格是 1 文钱。

提问:在这所有的 100 只鸡中,公鸡一共有几只?母鸡一共有几只?小鸡一共有几只?

让智者感到失望的是,他的所有孩子,居然没有一个能把这道数学题回答正确。因为在智者看来,这是一道再普通不过的小题目,应该很容易就能解答的。

可是他回头想想:这道题看起来非常简单,但其实难度非常的高,并不是每个聪明的小朋友都能够回答正确的。

亲爱的小朋友,你们知道答案吗?

买鸡的推算答案:

在这所有的 100 只鸡中,公鸡一共有 12 只,母鸡一共有 4 只,小鸡一共有 84 只;或者公鸡一共有 4 只,母鸡一共有 18 只,小鸡一共有 78 只;或者公鸡一共有 8 只,母鸡一共有 11 只,小鸡一共有 81 只。

16 小蚂蚁的任务

朋友们,你们看到过蚂蚁搬食物吗?现在,我们就来讲一个有关蚂蚁搬食物的故事。

一天,有一只蚂蚁出来侦查,发现一只已经没有生命迹象的大昆虫。它很得意,马上跑回洞里召集了10个伙伴一起来搬食物,可是,当它们赶到那条大昆虫旁边的时候发现怎么也搬不动——这使蚂蚁们非常着急。它们围着猎物转来转去,最后决定:再次召集其他蚂蚁一起来搬走猎物。

于是,这些蚂蚁跑回洞里又各自召集10个伙伴一起来搬走食物,可是,同样也搬不动。他们决定再次召集其他蚂蚁一起来搬走猎物。它们又各自召集来10个伙伴,这一次它们终于将大昆虫搬回了蚂蚁洞。

好了,小朋友们,请问蚂蚁们为了完成这次搬运任务,一共出动了多少只蚂蚁?

小蚂蚁的任务的答案:

小小的蚂蚁为了完成这次搬运任务,总共出动了1331只蚂蚁。

17 有关猪肉的计算

从前,在一所大学里有着东、南、西三个食堂。他们的账目是独立的。

有一天,学校进行庆典。东面的食堂从自己饲养的猪里拿出来4头;南面的食堂从自己饲养的猪里拿出来3头;西面的食堂因为自己饲养的猪还太小,所以,就没有拿出来。这样,三个食堂一共拿出来7头猪。巧合的是:这7头猪的质量是相同的。

三个食堂把猪宰了以后,他们所拿去的猪肉一一经过称重,分量是相同的。

庆典完成后,西面的食堂付出了70元钱作为猪肉钱。

那么,这70元钱应该怎么分给东食堂和南食堂呢?东食堂和南食堂各应该分多少呢?

聪明的小朋友,相信你一定能回答出这个问题的,对吗?

有关猪肉的计算的答案:

分给东食堂50元钱,南食堂20元钱。

第三章

奇妙的数字游戏

　　数字看起来平淡无奇，但是数字的组合却经常变幻出奇妙的游戏。少年儿童由于天性使然，都喜欢玩游戏、做游戏。但是许多家长多认为游戏是浪费时间，往往限制孩子的游戏时间。实际上，游戏的种类有区别。比如，数字游戏常会起到益智的作用。

　　数字游戏可以激发孩子们的创造力和想象力，锻炼他们的思维和对事物的敏感性。因此，掌握如何游戏，对孩子的游戏行为加以引导，引导孩子在游戏中发现智慧，掌握智慧。

　　数字游戏就是这样一种益智的游戏。

四个数的数值

从前,有一对非常要好的亲兄弟,他们形影不离,一起读书、玩耍。有一次哥哥看了一本书,他深有体会,他思考了一下,就说出了一个有关数字的故事来考一考弟弟。

哥哥说:"我这里有四个数字,它们的和是50,如果把第一个数加上4,把第二个数减去4,把第三个数乘以4,把第一个数除以4。那么,你所得到的四个新数值完全相等。聪明的弟弟,你能算出这四个数到底每个数的数值是多少吗?"

弟弟挠了挠头皮,灵机一动,正确地回答了哥哥的问题。哥哥连连夸耀弟弟的聪明。

好了,小朋友们,你们能够算出这四个数到底每个数的数值是多少呢?

 四个数的数值的答案:

这四个数每个数的数值分别是4、12、2、32。

❷ 生日的推断

春节期间，聪聪和明明都得到了大人给的糖果。正当他们剥开糖果吃得非常开心的时候，聪聪想出了一个问题。他想考考明明的数学能力，于是聪聪告诉明明，如果明明把聪聪的问题答对了，聪聪就把口袋里的糖果都送给明明；反之，如果明明把聪聪的问题答错了，明明就必须把自己口袋里的糖果都送给聪聪。明明就答应了。

聪聪说："这样吧。我告诉你一些条件，你来计算我的生日是哪一天。"

明明听了，得意地向聪聪笑了一笑说："好的，你说吧。我来回答。"

聪聪继续说："我的生日月份和日子都是个位数，把它们连着读成一个十位数的时候，这个十位数的3次方是个四位数，4次方是个六位数。并且，这个四位数和六位数的各个数字正好是0—9这10个数字，没有重复。"

明明一下子愣住了，但是没多久，他就计算出了正确的答案。并且，得到了好大一堆糖果。

小朋友们，那么能算出聪聪的生日吗？

生日的推断的答案：

聪聪的正确的生日日期是1月8日。

3 绳子对折折成几段

小朋友们,你们喜欢做实验吗?我们来讲一个有关绳子的有趣故事。

先来取一根绳子,按照以下的要求对折后,然后从最中间剪断,然后,我们来数一数这根绳子分成了几段。

首先,我们把绳子对折1次:从最中间剪开,这根绳子被分成了几段?

然后,我们把绳子对折2次:从最中间剪开,这根绳子被分成了几段?

接着,我们把绳子对折3次:从最中间剪开,这根绳子被分成了几段?

……

好了,实验做好了,朋友们,你们有没有发现什么规律呢?应用了这个规律你能不能计算出以下的答案呢?

首先,我们把绳子对折4次:从最中间剪开,这根绳子被分成了几段?

然后,我们把绳子对折5次:从最中间剪开,这根绳子被分成了几段?

接着,我们把绳子对折6次:从最中间剪开,这根绳子被分成了几段?

……

绳子对折折成几段的答案：

这根绳子分成的段数为：对折 1 次，绳子会被分成 3 段；对折 2 次，绳子会被分成 5 段；对折 3 次，绳子会被分成 9 段；对折 4 次，绳子会被分成 17 段；对折 5 次，绳子会被分成 33 段；对折 6 次，绳子会被分成 65 段；对折 n 次，绳子会被分成 2^{n+1} 段。

4 体重的趣题

测量体重对于每个小朋友来说是一件非常重要的事情，每年的体检都要测量身高体重。那么，小朋友们是否知道量体重也会产生一道十分有意思的数学题呢？

有一天，有五位数学家在一起闲聊，聊了许多数学问题。然后他们一起称了体重，真是三句话不离本行。把他们各自的体重也设计出了一道有趣的数学习题，小朋友们不妨来看看：

五位数学家依次排好。然后，他们三个人一起称称了 2 次，两个人一起称也 2 次。

具体结果如下:

A+B+D=145 千克

C+A+E=135 千克

D+B=100 千克

B+C=110 千克

经过称量得知:五个人每个人的体重均在40千克到70千克之间。而且,都是五的倍数。

聪明的小朋友,你能不能计算出A、B、C、D、E五位数学家家的体重各是多少吗?

体重的趣题答案:

A、B、C、D、E五位数学家的体重各是:A=45千克,B=60千克,C=50千克,D=40千克,E=40千克。

5 戒烟成功的日期

杰森是一个烟鬼,他吸烟的烟龄很长,烟瘾也很重。他在家人的劝说下,准备在抽完口袋里的烟后,马上戒烟。他数了一数口袋里的烟,一共有27根。每次杰森都会只抽香烟的2/3;然后,将香烟剩下的1/3拆开,重新将三枚烟蒂(每根为原来香烟1/3)重新卷起,做成一根新的烟卷,准备下一次吸。

那么请问,如果杰森依照此习惯抽完这27只烟,并且每天只抽一根。那么多少天之后能把这些烟抽完?

戒烟成功的日期的答案：

40天，27+9+3+1，假设每天只抽一次，正好40天。

6 水桶的溢出时间

明明是一个聪颖好学的学生，他的数学非常优秀，同学们有什么不懂的数学题都跑来找他解惑。为此，明明有一些洋洋得意。

明明的父亲对明明要求特别严格，他看到明明骄傲的样子很生气。有一天，明明的父亲看到了院子里的一只铁质空桶，他灵机一动，就想出了一个问题来考明明。

明明家里的铁质空桶深度为25米。明明每天从凌晨0点起向这个水桶里灌水，一直灌到下午6点。在这个18个小时内，铁桶里的水上升到了6米。

但是，从此以后，到晚上12点的6个小时内，水流出了2米，还剩4米。如此这般，如果以每天4米的速度增加下去。明明的父亲问明明：水从桶边最初溢出的时间是第几天？

出人意料的是：明明听了这道题后很快就说出了正确答案。

亲爱的小朋友们你们能够回答出：水从桶边最初溢出的时间是第几天吗？

水桶的溢出时间的答案：

水从桶边最初溢出的时间是第六天，午后三点钟。

7 小奇的年龄

小朋友们,你们是不是在生日那天可以收到许多礼物,吃好多的食物呢?那么,现在我们就来讲述一个有关出生日期的故事。

有个小伙子名叫小奇。小奇出生那年的年份数目有一点儿奇怪。如果用这个年份数加5,就得到9的倍数;用它加6,就得到10的倍数;用它加7,就得到11的倍数;而如果用它加8,就得到12的倍数。

小奇是哪一年出生的呢?

小奇的年龄的答案:

小奇出生于1984年。

8 有趣的魔术

小朋友们,你们有没有看过魔术表演?是不是迷恋魔术的神奇?现在,我就来和大家聊聊魔术的问题。

小明最近发明了一种魔术,这种魔术很神奇。小明拉住小刚,想让他体会一下自己发明的魔术。

小明对小刚说:"你用3乘以你的年龄,再加6,然后再除以3。就这样,把得数告诉我,我就能知道你今年多大岁数。"

小刚偷偷地躲在一边,按照小明的要求计算好了,然后,把得数告诉小明:"得数是16。"

小明立即回答说："我知道了，小刚。你今年14岁。"

小刚一听，大吃一惊，大声说道："对呀，我今年是14岁。可是你是怎么猜到的呢？"

小明得意地说："嘿嘿，这就叫变魔术。"

正当小刚对小明的魔术佩服得五体投地的时候。小刚的母亲看到了这个魔术的全部过程。她摸着小刚的头说："你们小孩子的年龄谁都能猜个八九不离十的。这种魔术都是骗人的。我看是小明蒙对了。这样吧，小明，你来猜猜我的年龄，我刚才按照你的要求计算好了，得数是47。你来看看我的年龄是多少。如果，你猜对了，阿姨就去买冰糖葫芦给你们两个宝贝吃。"

"一言为定！"小明马上回答道："阿姨，您今年是45岁。我没有说错吧？"小刚的妈妈听了兴奋地说："对啊，正好是45岁。小明的魔术真厉害。走一起去吃冰糖葫芦去。"

好了，小朋友们，你们能够说出小明的这个魔术的奥妙吗？

有趣的魔术的答案：

因为任何一个非零实数乘以3，再加6，然后再除以3，都等于原来的数加2。所以，小明得数中减去2，就是原来的数字了。

9 剪彩页的故事

有一个叫小妹的小朋友,小她有一个习惯——喜欢收藏图片。所以,凡是她喜爱的图片她都要把它们用剪刀都裁剪下来。

一次,小妹购买了一本动画书。这本动画书一共有250页。动画书里面有好几张是非常漂亮的彩页,小妹看了欣喜若狂,爱不释手,准备把它们全都剪下来。

可是,小妹的家庭作业没有完成,小妹妈妈不让她做除学习以外的事情。没办法,这个艰巨的任务,落在了小妹爸爸身上。小妹恳求爸爸帮她把第5页到第16页的彩页剪下来,接着,把第26页到第37页的彩页也剪下来。小妹爸爸听了小妹的要求,就一口答应了。

然后,小妹的爸爸按照小妹的要求把小妹喜欢的彩页剪下来,叠在一起,放在书桌上。

好了,问题来了。朋友们,你能计算出小妹的这本童话书还剩下几页吗?

剪彩页的故事的答案:

小妹的这本童话书还剩下224页。(250-12-12-1-1=224页)

备注:在剪第26页与第37页时,第25页与第38页也就一起下来了。

10 客人的多少

阿兰是个很勤快的女人,她一个人包揽了所有的家务事。

一天,阿兰到小溪边洗碗,正巧隔壁的沈阿婆路过。看看阿兰身边的一大堆碗便问道:"阿兰,今天你怎么要洗这么多的碗啊?"

阿兰回答道:"沈阿婆,今天我家来了好多客人,我们请他们在家吃饭,所以有这么多碗要洗干净。"

沈阿婆又问道:"今天你家来了多少客人?"

阿兰回答道:"具体人数我不清楚,我只知道2人共吃1碗饭,3人共吃1碗羹,4人共吃1碗肉。总共用了65只碗。"

沈阿婆想了想,很快就计算出了阿兰家当天来了多少客人。小朋友们你们知道阿兰家当天来了多少客人吗?

客人的多少的答案:

阿兰家当天来了60位客人。

11 有关挂历的故事

小朋友们,你们喜欢过元旦吗?你们有没有注意到每年元旦所挂的挂历是不同的呢?这些挂历有风景的、有人物的、有动物的、有物体的、还有的是名画翻印的。

现在,我们就来讲述一个有关挂历的故事。

离元旦还有10天,爸爸兴冲冲夹回来一卷新年的挂历。小洁比爸爸还要来劲,等不到晚上,就把墙上今年的挂历取下来,换上了新挂历。

过了3天,妈妈走过来问小洁:"今年的挂历呢?"

小洁以为妈妈要把新挂历撤下来,忙说:"找旧挂历?不用啦,新挂历更好看。"妈妈抚摸着小洁的头发,问道:"今年9月1日是星期几?新挂历上能查到吗?"

"能查到。你看,明年9月份,1号,星期一。"小洁来不及细想,赶紧去翻挂历,顺便看看挂历上的图片。

"我要查今年的,不是明年的。快把今年的挂历找出来。快呀!"妈妈有些着急了。

"如果新挂历能告诉你……"小洁开始犹豫,拖长话音,试探试探。

"这本明年的挂历,如果能查到今年哪一天是星期几,就让你提前用它。"妈妈说话里带有"如果",比较婉转。

"好,就这样定了!"小洁抓住战机,和妈妈击掌为约,然后郑重宣布:"我知道今年9月1日是星期几了。"

妈妈将信将疑,说:"真的?好孩子不说谎!"

小洁乐得合不拢嘴,说:"我当然是好孩子。让我想想看。"

小洁动脑筋想了一想,就向妈妈说出了答案。妈妈一听,高兴极了夸耀小洁说:"你是好孩子,也是聪明孩子。只听说度日如年,你现在推算星期几,却是度年如日,新鲜得很。老挂历不用找了,就用新挂历吧!"

亲爱的小朋友,你能说出小洁的答案吗?

有关挂历的故事的答案:

小洁向妈妈说的答案是今年9月1日一定是星期天。

12 食用盐的多少

朋友们。你们知道盐是什么吗?盐是爸爸妈妈做饭常用的食物调料。

那么,我们来讲述一个有关买盐的故事。

有一次,莉莉的妈妈到超市购物,正巧遇到超市大甩卖。精打细算的莉莉妈妈一下子就从超市里买了20袋盐。

莉莉妈妈很高兴地回到家里。她把盐放进了平时放盐的大罐子里。平均5袋盐可以盛满一罐。

当她使用了36天之后,其他的罐子还满着,就只有一个罐子里的盐剩下她以前购买的一小袋这么多了。莉莉妈妈轻轻地叫来莉莉,问她说:"宝贝,你能计算出妈妈买的这么多的盐,一共可以使用几天吗?"

莉莉马上就回答出了妈妈的问题。妈妈高兴极了,特意买了一罐巧克力给莉莉作为奖励。

亲爱的小朋友,你能计算出莉莉妈妈买的这么多的盐,一共可以使用几天吗?

食用盐的多少的答案:

莉莉妈妈买的这么多的盐可以使用180天。

13 新的电话号码

莉莉家换了一个新的电话号码。她对着新的电话号码看了半天,突然发现自己家的电话号码有三个特点,让人很容易就记住了这个电话号码。

第一,莉莉家原来的电话号码和新换的电话号码都是四位数字;第二,新号码正好是原来号码的4倍;第三,原来的电话号码的数字倒过来写正好是新的电话号码。

那么,聪明的小朋友,你能计算出莉莉家的新的电话号码到底是多少吗?

新的电话号码的答案:

莉莉家的新的电话号码是8712。

14 有关公倍数的故事

小朋友,你在学校有没有学过公倍数?那么现在我们就来讲一个有关公倍数的有趣故事。

以前，小明一直以为学最小公倍数这种知识枯燥无味，整天与"求几和几的最小公倍数"这样的问题打交道，真是烦死人，总觉得学习这些知识在生活中没有什么用处。然而，有一件事却改变了他的看法。

有一天小明和爸爸一起乘公共汽车去市青少年宫参加学习。他们俩坐的是3号车，快要出发的时候，1号车正好和他们同时出发，此时爸爸看着这两辆车，突然笑着对他说："小明，爸爸出个问题考考你，好不好？"小明胸有成竹地回答道："行！""那你听好了，如果1号车每3分钟发车一次，3号车每5分钟发车一次。这两辆车至少再过多少分钟后又能同时出发呢？"稍停片刻，小明说："爸爸你说的这个故事不能解答。"爸爸疑惑不解地看着他："哦，是吗？""这个故事还缺一个条件：1号车和3号车起点是同一个地方。"爸爸听了他的话，恍然大悟地拍了一下脑袋，笑着说："我也有糊涂的时候，出题不够严密，还是小明想得周全。"小明和爸爸开心地哈哈大笑起来，此时爸爸说："好，现在假设在同一个起点站，你说有什么方法来解答？"小明想了想脱口而出。爸爸听完夸赞："答案正确！100分。""耶！"听了爸爸的话，小明高兴地举起双手。

小朋友，你知道爸爸给小明的讲的故事的答案是多少？开动你的小脑筋想一想，你一定会知道的。

有关公倍数的故事答案：

这两辆车至少再过15分钟同时出发。

15 算一算莉莉家的门牌号码

小朋友们，你们有没有观察过自己家里的门牌号码？现在，我们就来讲一个有关门牌号码的有趣故事。

从前，有个小女孩叫莉莉，她住在上海的一条弄堂里。因为只有一侧有房屋，所以，弄堂里每户人家的门牌号码都是按照1号，2号，3号，4号……这样编排下去的。当然，其中没有跳号，也没有多号，更没有重复。

巧合的是：除了莉莉家以外，其余的每一家的门牌号码数累加起来等于10000。

请问朋友们，你们能否计算出这条弄堂总共有几户人家？莉莉家的门牌号码又是多少？

算一算莉莉家的门牌号码的答案：

上海的这条弄堂里总共有141个门牌，莉莉家的门牌号码为11。

16 玩调色板引发的思考

小朋友们，你们玩过调色板吗，是不是觉得非常有趣，非常好玩？那么，你们知不知道调色板游戏还能有千变万化的计算方法呢。不信？就让我们来看一看下面这个故事。

在遥远的苏格兰，有一位非常著名的数学家，名叫莱格福德。

一次，莱格福德的儿子在玩调色板，莱格福德在旁边看着，觉得十分有趣。

只见他的儿子从玩具箱里把红色、蓝色、黄色的调色板各取出两块，相互调动，并且把他们排成一排。

莱格福德看到的六块调色板的次序是：黄红蓝红黄蓝，正好符合以下的条件：

第一：两块红板之间，另外有一块颜色板。

第二：两块蓝板之间，另外有二块颜色板。

第三：两块黄板之间，另外有三块颜色板。

莱格福德思考了一会，他想出了一道经典的数学题。题目是这样的：

他分别用"1"表示红色，用"2"表示蓝色，用"3"表示黄色。将颜色的问题用阿拉伯数字来代替。也就是把 1、1、2、2、3、3 这六个数字排成一队。并且规定两个"1"之间必须有 1 个数字，两个"2"之间必须有 2 个数字，两个"3"之间必须有 3 个数字。

就这样，排列出的数字顺序为 312132。

接着,莱格福德给在座的朋友们有提了一个有趣的问题:他分别用"1"表示红色,用"2"表示蓝色,用"3"表示黄色,用"4"表示白色。将颜色的问题也用阿拉伯数字来代替。也就是把1、1、2、2、3、3、4、4这八个数字排成一队。并且规定两个"1"之间必须有1个数字,两个"2"之间必须有2个数字,两个"3"之间必须有3个数字,两个"4"之间必须有4个数字。

就这样,排列出的数字顺序为多少?

玩调色板引发的思考答案:

莱格福德给在座的朋友们有提的一个有趣的问题的答案:

排列出的数字顺序有两个,其中一个是41312432,另一个是23421314。

17 家庭的人数

小朋友们,你们知道自己家里有几个人吗?是否清楚家人间的相互的关系呢?我们想在就来讲述一个有关家庭人数的问题。

佳佳是一个活泼好动的小女孩,她不仅头脑灵活,而且成绩也使家长非常满意,是一个品学兼优的好孩子。

一次,佳佳到舅舅家里去玩,舅舅家有好多家人。大家对佳佳都非常宠爱,拿出好多好吃的东西塞到佳佳的口袋里。

回到家以后,佳佳又去好朋友莉莉家里玩耍,并且分给莉莉好多从舅舅家带回来的好吃的食物。

莉莉一边吃,一边问佳佳:"佳佳,你舅舅家的亲戚这么宠爱你。那么,你舅舅家里到底有多少人啊?"

佳佳想了一会,笑了笑说:"我的舅舅家里有三代人,有一个人是祖父,有一个人是祖母,有两个人是爸爸,有两个人是儿子,有两个人是妈妈,有两个人是女儿,有一个人是哥哥,有两个人是妹妹,有四个人是孩子,有三个人是孙子或孙女。"

好了,故事讲完了,小朋友们你们能计算出佳佳的舅舅家里到底有多少人吗?

家庭的人数的答案:

佳佳的舅舅家里的有7个人,一对老年夫妻,他们的儿子和儿媳,他们的一个孙子和两个孙女。

18 怎样摸对袜子的颜色

袜子是我们每天必不可少的生活用品，我们现在就来讲述一个有关袜子的有趣故事。

从前，有一个小朋友，非常喜欢解答数学题，一天，他的父亲为了考验自己孩子的数学能力，给他讲了一个十分有趣的数学故事。

一个姑娘在箱子里存放了20只袜子，有10只是红色的，有10只是黑色的，它们都随机地放在一起。一天晚上，姑娘有事出去，但这时恰巧停电了，家里有没有任何光亮。姑娘只能在黑暗中，从箱子里取袜子。

问题一：为了使能够保证她从箱子里取出的袜子必须有两只是相同颜色的一对，那么她至少需要拿出多少只袜子？

问题二：为了使能够保证她从箱子里取出的袜子必须有两只是红色的一对，那么她至少需要拿出多少只袜子？

问题三：为了使能够保证她从箱子里取出的袜子必须有两只不同颜色的，那么她至少需要拿出多少只袜子？

这个小朋友听后,考虑了一番,很快就解决了这道题。那么小朋友们,你们能够计算出来吗?

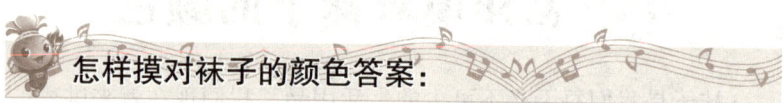
怎样摸对袜子的颜色答案:

这个小朋友很快就解决了这道问题。问题一的答案是:为了使她能够保证从箱子里取出的袜子必须有两只是相同颜色的一对,那么她至少需要拿出3只袜子。问题二答案是:为了使她能够保证从箱子里取出的袜子必须有两只是红色的一对,那么她至少需要拿出12只袜子。问题三的答案是:为了使她能够保证从箱子里取出的袜子必须有两只不同颜色的,那么她至少需要拿出3只袜子。

19 同学的人数

朋友们,你们喜不喜欢春游呢?是不是非常喜欢和同班同学一起到野外郊游呢?我们现在就来讲述一个有关春游的问题。

又到了春游的时间,小明和同学一起去野外游玩,他们玩了老鹰捉小鸡、打野鸭子、捉迷藏等很多游戏。个个玩得都是满头大汗。

回家后,小明抑制不住内心的兴奋。把郊游遇到的各种事情都告诉了哥哥。

哥哥问小明:"你们这次郊游,一共去了几个小朋友?"

小明想了一想,摇着头,顽皮地说:"这次一起去郊游的同学之中有男生和女生。女生加上男生,再加上女生与男生人数相

乘的积。它们所得的结果是34。"

哥哥拿出纸笔。不一会,就计算出来这次去郊游的学生的人数。

小朋友,你也能像小明的哥哥那样计算出这次去郊游的学生的人数是多少吗?加油,你一定行的!

同学的人数的答案:

这次去郊游的学生的人数为10人。

20 大河的宽度

有一条大河,它的两岸各有一个轮渡码头。现在有两艘渡船,甲和乙。这两艘渡船在同一时刻以不一样的速度,从A、B码头分别驰向自己对面的码头。他们都匀速行驶。等到甲船离A码头的距离为700米时,两艘渡船正好相遇。等到两艘渡轮各自到达对岸的码头以后,马上掉头往回行驶。当甲船离B码头为400米的时候,两艘船又一次相遇了。

好了,故事讲完了,聪明的小朋友,你能不能利用以上的条件,计算出这条大河的宽度呢?

大河的宽度的答案:

根据两艘渡轮的速度及所用时间可以判断:大河宽度为1700米。

21 年龄的推断

琳琳是一个爱动脑筋的女孩子,她非常喜欢做数学游戏。这天,琳琳妈妈把琳琳打扮的非常靓丽,因为妈妈要带琳琳参加一个非常热闹的酒会。

琳琳在酒会上遇到了好多和她同年龄的小朋友,这可把她乐坏了。他们在一起玩耍,玩得不亦乐乎。

后来,一位小朋友问琳琳:琳琳的生日是哪一天?

琳琳歪着脑袋想了一想。调皮地说:"我的生日是在一月的第四个星期,那个月所有的星期四的日期和是80。"

好了,故事讲完了,亲爱的小朋友,你能说出琳琳的生日是哪一天吗?

年龄的推断的答案:

琳琳的生日是1月23日。

22 开花的果树

明明和丽丽是一对亲兄妹,他们经常在一起玩耍。

夏天的时候,明明和丽丽家院子里的两棵果树开花了。明明和丽丽数了数,两棵果树上一共开了100朵花。它们之中一棵果树的花开得多,另一棵果树的花开得少。但是,到了秋天

收获的时候，明明和丽丽又数了数，发现：这两棵树结的果子居然一样多。

于是，明明对丽丽说："如果这棵树能有那棵那么多的花，那么这棵树能够结出 15 个果实。"

丽丽也对明明说："如果那棵树只有这棵树这么多的花那么，那棵树仅仅能够结出 6 个果实。"

好了，聪明的小朋友，你能计算出这两棵树各自开了多少朵鲜花吗？

开花的果树的答案：

一棵果树开了 60 朵鲜花，另一棵果树开了 40 朵鲜花。

23 火车的开车时间

小朋友们,你们坐过火车吗?是不是很喜欢火车窗外的美丽风景?我们现在就来讲一个有关火车开车时间的故事。

有一天,小张乘坐火车到达某一个地方给小王送货,本来说好小王来接小张的,可是,这天火车提前到站了,所以小张就一个人开始往小王住的地方走,走了半个小时后,迎面遇到了小王,小王接过东西,没有停留就掉头回去了。当小王到住的地方时发现,这次接货回来的时间比平时早了10分钟。那么,这天的火车比平时早到了多长时间呢?

火车的开车时间的答案:

这一天的火车比以前提前了20分钟到站。

24 飞驰的火车

从前，有个男孩名叫李民，一次暑假，李民就要独自乘火车到乡下姥姥家。

李民上了火车后，他一看所在的位置是最后一节车厢。但是，他仔细搜索了一下发现没有空位。于是，在火车经过 A 站时，李民开始以均衡的速度向前面的几节车厢走去，他准备寻找一个可以坐下来的空位。

李民向前（向车头方向）走了五分钟后，到达了第一节车厢，居然发现那里也没有空的座位，这让他十分沮丧。

于是，他掉转头，以同样的速度往回走。又返回到最后一节车厢。恰恰在此时，他乘坐的火车刚好经过 B 站。

那么请问小朋友们：如果说 A、B 两个站点相距 5 千米，那么李民所乘坐的这列火车的速度应该是多少？

飞驰的火车的答案：

李民所乘坐的这列火车的速度应该是每小时 30 千米。

25 迷路的人数

在很久很久以前,有一队人马要翻越一片茫茫沙漠。他们在出发前带足了水和粮食,准备在路上食用。但是,茫茫沙漠没有边界,他们走着走着,就不知道自己身在何处了。

由于这迷了路的9个人在沙漠找不到出路,他们所有的粮食只够这些人吃5天。第二天,这9个人又遇到了一队迷路的人,这一队人已经没有粮食了,大家便算了算,两队合吃粮食,只够吃3天。那么,第二队迷路的人有多少呢?

迷路的人数的答案:

这9个人遇到第二队人的时候已经吃掉了1天的粮食,所剩下的只够这9个人自己再吃4天,但第二队加入后只能吃3天,也就是说第二队在3天内吃的食物等于9个人一天的粮食,因此,第二队有3个人。

第四章

机智的商人

由于职业性质使然，商人往往比一般人对数字要敏感得多。他们在经商和做生意的过程中，积累了许多有关数字的丰富经验。

历史上许多商人是聪明人的代表，在他们中间流传着许多经典的故事和传说。商人对数字独有的感受也启示我们对数字与众不同的思维。

本章是一些商人与数字的小故事，小朋友可以从这些经典的故事中学到许多有关数字的丰富知识和独到的思维方式。

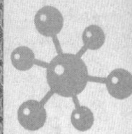

购买皮套的故事

泰国是一个十分有名的旅游胜地,它以自己独特的魅力吸引着许多前来游玩的八方客人。

泰国不仅是一个极负盛名的旅游胜地,更是世界有名的购物天堂。每次来泰国游玩的客人,总会在泰国买点什么回去。

一天,有一个香港人旅游来到泰国,他在一家百货商店看上了一架相机,这种相机在香港皮套和相机一共值3000港币,可这家店主故意要410美元,而且他不要泰国铢,只要美元,更不要港币。现在相机的价钱比皮套贵400美元,剩下的就是皮套的钱。这个香港人现在掏出8美元,请问他能够买回这个皮套吗?

购买皮套的答案:

一个皮套是5美元。店主应该找给香港客人3美元。

2 西瓜的价格

在夏天,西瓜是最能解暑的水果之一,小朋友们你们是不是特别爱吃西瓜?

现在我们就来讲一个有关卖瓜的故事。

有一年夏天某日,夏日炎炎。有一个卖西瓜的老农在殷勤地叫喊着:"1个大西瓜10元钱,买3个小的也是10元钱。"

听到吆喝声,招揽了许多的顾客,他们你挑我拣,好不热闹。正当大家仔细挑瓜的时候。过来一位细心的顾客,他拿了两种西瓜,目测大西瓜直径约8寸,小西瓜直径约5寸。

他正在思考,到底买哪种更合算呢?这时走来了一位少先队员,他运用自己在学校所学的知识,轻而易举地帮顾客解决了这道貌似普通,其实奥妙无穷的难题。

聪明的小朋友,你能不能来解答这个问题?你也来试试看吧。

西瓜的价格答案:

对于要买西瓜的顾客来说:我们从体积上来比一比,买大的西瓜划算,买3个小西瓜是很吃亏的。

3 可怜的牧马人

在很久很久以前,有一个牧马人居住在关外。他想要把自己养的马匹赶到中原去出售。可是,牧马人在途中每经过一个关口都要上交过关的费用。

于是,每到一个城门的关口,牧马人就对守卫城墙的士兵说:"士兵大哥,俺身上没有钱财,但是,我可以把我一半的马匹给你,当作关税,怎么样?另外,你要把我交给你的马匹当中,留出1匹马来还给我。这样可以吗?"

守卫城墙的士兵看到有利可图,便答应了牧马人的要求。

按照这种方法,牧马人通过了5个关口。最后到达中原的时候,牧马人只剩下2匹马了。

好了,小朋友们你们能够计算出牧马人一共带了几匹马到中原么?

可怜的牧马人的答案:

这位牧马人一共带了2匹马到中原。

4 孩子的钱数

小朋友们,你们知道钱有什么用吗?它可以换好吃的和好玩的东西,和好看的衣服。那么,现在我们就来讲述一个有关小朋友和钱的数量的问题。

从前，在纽约市，有三个小朋友，他们把裤袋里的钱都拿出来数了数一共是320美元。其中100美元的两张，50美元的两张，10美元的两张。

据统计，每个小朋友所带的纸币同一面值的只有一张。并且，没有带100美元的孩子也没有带10美元，没有带50美元的孩子也没有带10美元。

好了，小朋友们，你们能够计算出这三位小朋友每个人各带了多少面值的美钞吗？

孩子的钱数的答案：

A带了100美元、50美元和10美元，B带的美元和A相同。C没有带钱。

5 魔术师的技法

有一位非常著名的魔术师发明了一个新玩意：他将一枚2分的硬币和一枚5分的硬币让一位观众拿着。然后，把两枚硬币分开，任意放在左手和右手里（当然，观众的左右手拿的分别是哪种硬币，不要让魔术师看到）。然后，魔术师说："亲爱的观众，请你把右手中的硬币币值乘以3，把右手中的硬币币值乘以2，然后请你把它们两个的积加起来的和告诉在下。"那位观众按照魔术师的吩咐，照着做了。然后，魔术师很快就猜中了

结果，这使周围的所有观众都十分诧异。然后，台下响起了一阵雷鸣般的掌声。

魔术师很得意地谢幕。回到后台，当他的徒弟询问为什么的时候，魔术师很神秘地笑笑说："其实，这个魔术的破解方法是有规律的，如果那位合作的观众得到的和是奇数，那么他的左手拿着的是2分的硬币；如果他得到的和是偶数，那么他的右手拿着的是2分的硬币。"

小朋友们，你们可以帮观众算算其中的道理吗？开动你们的小脑筋，相信你们一定行的。

魔术师的技法答案：

魔术师的魔术是有科学依据的。魔术师是按照数字的奇偶规则来判断的。因为，奇偶之和为奇数，偶数之和为偶数。

6 赔偿的鸡蛋

小朋友们，你们喜爱吃鸡蛋吗？鸡蛋可是一种非常有营养的食物。下面，我们就来讲一个有关鸡蛋的故事。

在很久以前，有一户贫寒的人家。这户人家养了很多母鸡，但是他们舍不得吃那些鸡蛋，想把鸡蛋带到集市上去卖，这样可以换些钱财。

这天，老奶奶拎了一大篮鸡蛋准备到集市上去销售。不幸的是，她在路上被一辆自行车撞倒，篮子里的鸡蛋都打破了。

骑车人非常惭愧，他赶忙扶起老奶奶说："阿婆，你这次带来多少鸡蛋，我赔给你。"

老奶奶捋了捋头发说:"这篮鸡蛋的总数我也不知道。当初我和我的老头子从鸡窝里拣鸡蛋的时候是五个五个拣的,后来恰好多出了一个。昨天我的老头子又复查了一遍,他是四个四个数的,后来也多出了一个。今天,我又重新数了一遍,是三个三个数的,结果也多出了一个。"

听完了老奶奶的叙述,年轻人成功地计算出了老奶奶篮中鸡蛋的数量,并且按市场价把钱赔给了老奶奶。

聪明的小朋友,你能不能帮老奶奶来计算一下鸡蛋的个数呢?

赔偿的鸡蛋的答案:

老奶奶的鸡蛋的个数是 61 枚。

7 火车票的种数

小朋友们,你们乘坐火车的时候有没有注意过手上的火车票,以及火车票上标明的价格?现在,我们就来聊一聊火车票的价格问题。

火车售票处买的车票,上面用铅字印着从哪一站上车,到哪一站下车,不允许涂改,也很难伪造。这样就要准备很多种从某站到另外某站的车票,所以售票员的桌上总是有一个大大高高的架子,里面划分很多小格,每一小格里放一种车票。

有一条列车线,在甲、乙两城之间来往,中途停靠 4 处。连头带尾,共有 6 个停靠站。为了这 6 个站,要准备多少种不同的车票呢?

从 6 个站中的某一站出发,目标可能是另外 5 站中的任何一站。所以，为了这一个上车站，要准备5种票，分别到另外5站下车。

从6站中的每一站，都可能有旅客上车。6个上车站，需要准备的车票种数是 5×6=30。

根据上面的分析，可以得到一个公式：

车票种数 =（停靠站个数 –1）× 停靠站个数。

有了公式就要用。假定还是这条列车线，现在决定在途中增加3个新的停靠站。需要增加多少种新的车票呢？

火车票种数的答案：

增加3个站，总数就变成9站。9个站需要的车票种数是 8×9 = 72。

需要增加的车票种数是 72-30=42。

8 买书的价格

小米和小丽是两个非常爱学习的孩子。她们的成绩优异，经常得到老师的表扬。小米和小丽的成绩也不相上下，虽然有时面临着竞争，但是小米和小丽仍然是非常要好的朋友。她们经常结伴到书店去买书。

有一天，小米和小丽这两个好朋友又到新华书店去挑选自己喜爱的书籍。结果，小米和小丽两人都看中了《一百位科学家的成功故事》这本书。但是，俩人所带的钱数都不够，小米缺少1.15元人民币，小丽缺少0.01元人民币，而且用小米和小丽两人合起来的钱买一本，仍然不够购买这本书。

好了,小朋友们,你们能算出这本书的价格是多少?小米和小丽各自带了多少钱?

买书的价格的答案:

这本书的价格是 1.15 元,小米口袋里没有钱,小丽口袋里有 1.14 元钱。

9 损失的金额

老李是一个开杂货铺的小老板。他的店面不大,但是老李勤奋肯干,他早出晚归料理自己的店铺。这样一来,这个小店的客人也越来越多,真可谓是络绎不绝,生意非常兴隆。

有一天,一位漂亮的女士来到老李的店铺,在里面购买了一件饰品。这件饰品的成本是 18 元人民币,标价是 21 元人民币。然后,这位年轻的女士拿出一张 100 元的人民币现钞买下这个饰品。

正巧,老李当时身边没有零钱。于是,他就用漂亮女士给的 100 元现钞去和隔壁店铺的老板换了 100 元的零钱,然后找给那位妇女 79 元人民币。

等那个漂亮的妇女走后,隔壁店铺的老板急匆匆跑来。大声嚷嚷着对老李说:"老李啊,刚才你给我的那张百元大钞是假钞。不行,你一定要用真钞把这张假钞换回去。"

老李愣了半天,等他缓过神来,他摇了摇头,无奈地把 100 元真钞还给了隔壁店铺的老板。

小朋友们，你能算出老李在这次假钞事件中总共损失了多少元钱吗？

损失的金额的答案：

100元面值减去3元的获利金额。老李在这次假钞事件中总共损失了97元钱。

10 聪明的商人

在很久很久以前，有两个相邻的国度，他们本来是两个非常和睦的国家，两国之间生意不断。

可是，因为一些小事，两个国家闹了一些不愉快

有一天，A国制定了一条法律："从今往后，B国的一块钱只相当于本国的九毛钱。"

于是，愤怒的B国也制定了一条法律："从今往后，A国的一块钱只相当于本国的九毛钱。"

正当两个国家的关系搞得很僵的时候，一个住在国界周围的聪明的商人利用两国的紧张关系狠狠地赚了一笔。

请问小朋友，这位聪明的商人是怎样赚到大量的钱财呢？好好想一想，你很快就会有答案了。

聪明的商人的答案：

在A国，他用A国的90元换B国的100元；再到B国，用B

国的 90 元再换 A 国 100 元,如此反复,此人持有 A,B 两国的货币越换越多。

11 魔术师的魔术

在很久很久以前,有一个非常贪婪的人,他总是幻想着自己有一天能成为暴发户,发一笔横财。

终于有一天,机会来了。他遇到了一名魔术师。魔术师很得意地对他说:"朋友,告诉你一个发财的机会。只要你把你的钱放到这只漂亮的魔盒里,然后数到 50,这样你放在盒子里的钱的金额就会加倍。魔术师指着手中的魔盒,继续说:"不过,有一个条件,每变一次这种魔术,你必须给我 60 元钱作为酬劳。"

贪财人听了魔术师的这话,考虑了一下,他想:"真好啊。一看就知道是一次发财的大好机会。"于是他要求魔术师试一试。并且同意了魔术师提出的条件。

接着,贪财人把自己的钱从口袋里拿出,放进了魔术师的魔盒里,然后,他轻轻地数到 50,接着打开魔盒一看,"哇!"他激动得大叫起来。原来魔盒里钱的金额真的翻了 1 倍。他满意地取出 60 元钱付给了魔术师。

然后,贪财人第二次把自己的钱从口袋里拿出,放进了魔术师的魔盒里,然后,他轻轻地数到 50,接着打开魔盒一看,"哇!"他又激动得大叫起来。魔盒里钱的金额正好又翻了一倍。他满意地取出 60 元钱又付给了魔术师。

就这样,到了第三次。可是,当他给了魔术师 60 元以后,贪财人的口袋里就一分也没有了。

那么，请问小朋友，贪财人口袋里总共有多少钱？

魔术师的魔术的答案：

在这次精彩的魔术中，贪财人总共有52.50元在口袋里。

12 开会的人数

一次，在一个小会议室里，放着若干3条腿的凳子和若干4条腿的椅子，当时正好是会议时间，每把凳子和椅子上都坐着人。一个小朋友数出了房间里一共有39条腿，那么，请你计算出这个小型会议室里有几只凳子，几把椅子和几个人。

开会人数的答案：

3把凳子、4把椅子，7个人。

13 服务费的多少

在很久以前，有一家中介公司，因为老板经营有道，所以这家中介公司招揽了许多顾客。这家公司是根据服务项目所涉及的资金数量按一定比例收取中介费用。

该公司的收费标准如下：1万元人民币（含1万元人民币）

以下收取50元人民币；1万元人民币以上5万元（含五万元人民币）以下收取3%；5万元人民币以上10万元人民币（含十万元人民币）以下收取2%。

那么请问小朋友：如果一项服务项目所涉及的金额是5万元人民币时，公司应该收取的服务费是1250元人民币。如果一项服务项目所涉及的金额是10万元人民币时，公司应该收取的服务费是多少元人民币？

服务费的多少的答案：

按照公司规章，这家中介公司应该收取的服务费是 $1250+50000×2\%=2250$ 元人民币。

14 算一算哪个最便宜

新年将要到来，玛丽准备购买一些食物和日常用品。因为是年底，许多商家正在进行促销活动。玛丽很高兴，她带了很多钱，想去购买一些优惠的打折商品。

她看中了一罐滋补品，这罐滋补品的原价是20美元1罐。值得一提的是：相邻的两家超市分别推出不同的促销手段。相同的滋补品其中一家超市的优惠是"买5罐送1罐"；另一家超市的优惠是"买5罐便宜20%"。

这可让玛丽犯了难，她想："究竟买哪一家的比较划算呢。"

聪明的小朋友，你能帮玛丽解决这个问题吗，动动脑筋想一想，你一定能算出来的，加油！

算一算哪个最便宜的答案：

"买5罐便宜20%"的那家超市的最划算。

15 一共卖了多少鱼

小朋友们，你们喜不喜欢吃鱼？今天我们就来讲一个有关卖鱼的故事。

在很久以前，有一个漂亮的小女孩名叫莉莉。她从小就惹人喜爱，活泼开朗。不幸的是：她很早就失去了母亲。继母对她十分苛刻。

一次，继母又叫仅有10岁的莉莉背着装得满满的鱼篓到市场上去卖鱼，并且规定："这个鱼篓里的鱼几乎都是一样大小，不许带秤，只能按条数卖鱼。当然，每条鱼的价格都一样。"

过了一段时间，莉莉的鱼终于卖完了，继母的脸上露出了满意的笑容。莉莉的爸爸也非常高兴，他轻声问莉莉卖了多少鱼。莉莉回答说："鱼篓里的鱼是按照条数卖给客人的，总共卖了几条，我也没有数。但我记得第一个客人购买了鱼篓中的鱼的一半加半条，第二个客人购买了鱼篓中所剩的鱼的一半加半条，第三个客人购买了鱼篓中所剩的鱼的一半加半条，人人如此这般购买我的鱼。一直到第六个人来购买我的鱼，他同样也是购买了鱼篓中所剩的鱼的一半加半条。正在这时，我的鱼篓中的鱼正好卖光了。爸爸，你说我一共卖了多少条鱼呢？"

好了，小朋友，故事讲完了，你能帮莉莉爸爸计算出鱼篓里鱼的条数吗?

一共卖了多少鱼答案:

莉莉在这一天里一共卖了63条鱼。

16 小饰品的单价

小敏和小丽是一对亲姐妹,俩人感情非常好,总是形影不离。

一次,小敏陪小丽去一家商城买发卡。小丽在柜台上仔细挑选了4个非常漂亮的发卡。小敏仔细算了一下,一共6.75元人民币,其中有一个只要1元钱。

正当小丽准备付款的时候,小敏发现柜台老板用计算机计算价钱的时候,按的不是加法键而是乘法键!

小敏看到柜台老板按错了按键,马上想要提醒他,可小敏却惊奇地发现计算机算出的数字也是6.75元。

那么,问题来了。亲爱的小朋友们,你们知道这4个发卡的价格各是多少吗?

小饰品的单价的答案:

4个发卡的价格分别是1元、1.5元、2元、2.25元。

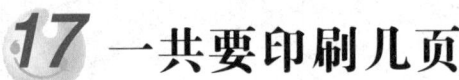 一共要印刷几页

在以前,排字印刷都是靠人工来完成的,印刷工人的工作量比较大,是一份非常繁重的工作。

那么,现在我们就来讲一个有关印刷工人印刷书本的故事。

我们知道印刷厂的排版工人在排版时,一个数字要用一个铅字。例如15,就要用2个铅字,158,就要用3个铅字。现在知道有一本书在排版时,光是排出所有的页数就用了6869个铅字,你知道这本书共有多少页吗?(封面、封底、扉页不算在内)

一共要印刷几页的答案:

这家印刷厂的排版工人,所印的这本书共有1994(页)。

18 卖西瓜的故事

小朋友们,到了夏天,你最想吃什么水果?对,是西瓜,红红甜甜的西瓜一口咬上去,既解渴又解暑,非常爽口。那么,你有没有陪大人们去买过西瓜呢?

下面,我们就讲一则有关卖西瓜的故事。

小张和小王经常在一起卖西瓜。一天,小张家里有点事,就把要卖的西瓜托给小王代卖。没有卖之前,小张和小王的西瓜是一样多的,但是,小张的西瓜小一些,所以卖10元钱3个,小

王的西瓜大一些，所以卖 10 元钱 2 个。现在小王为了公平，把所有的西瓜混在了一起，以 20 元钱 5 个出售。当所有的西瓜都卖完之后，小张和小王开始分钱，这时，他们发现合起来卖西瓜的钱比他们单独卖西瓜的钱少了 20 元。

那么，亲爱的小朋友，你能不能说出小张和小王当时各有多少个西瓜呢？

卖西瓜的故事的答案：

小张和小王当时各有 120 个西瓜。

19 买铅笔的故事

从前,有一个小朋友名叫李杰,他不仅在学习成绩优异,而且办事能力很强,颇受老师的青睐。

一次,学校要举办联欢会,大家要在联欢会上表演节目、做游戏。游戏胜利者可以获得普通铅笔、彩色水笔,两用铅笔和自动铅笔。于是,班主任请李杰到文具店去购买奖品。

李杰拿着钱来到文具店,他一共买了50支铅笔:15支普通铅笔,每支0.24元;7支彩色水笔,每支0.28元,12支两用铅笔和16支自动铅笔。接着,收银员阿姨打印了一张9.10元的电脑收银条,然后,把收银条交给李杰。

然而,两用铅笔和自动铅笔的价格,李杰已经忘记了,但是,他只看了看收银条,就发现收银条上的价格弄错了。他把收银条交还给了收银员阿姨,并且提醒她:收银条上的价格弄错了。于是,收银员重新核对了一下,发现真的是搞错了。

那么,朋友们,请问:李杰是靠什么发现收银条搞错了的呢?

买铅笔的故事的答案:

因为两用铅笔和自动铅笔的数目,普通铅笔和彩色水笔的价格都是4的倍数。所以,全部文具的价格总的金额应该是4的倍数,但是9.10元不能被4整除,以此可以断定共计金额有误。

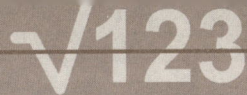

20 公司的礼仪

在很久以前,有一家日本的公司,这家公司有一个很传统的礼仪:那就是鞠躬行礼。

在这家小公司里,有15名男员工和5名女员工。每天早上老板在训话之前,每一位员工必须要向每个同事和唯一的老板用深鞠躬的方式请早安。

好了,小朋友们,问题来了。请问在这个公司里,每天的员工道早安的次数是多少,也就是说,每天发生的鞠躬事件为多少?

公司的礼仪的答案:

在这整个公司里,每天的员工道早安的次数,也就是每天发生的鞠躬事件为400次。

21 错误数字的查找

小胡是一家超市的收银员,她所在的那家超市生意很好。她的薪水也不低,所以她十分珍惜这份工作,上班的时候也十分卖力,几乎没有产生过任何工作上的差错。

可是,有一次,她碰到了一件麻烦事。那天,小胡在晚上下班查账的时候,发现现金比账面少了153元人民币。

她肯定实际收到的钱数是不会错的。出现错账的原因,只能是自己在记账的时候点错了小数点。

那么,亲爱的小朋友们,你是否能帮助小胡在成百上千的账目中找到这个错数呢?

错误数字的查找的答案:

如果是小数点搞错的话,账上多出的钱数应该是实收的9倍,所以153÷9×10=170。由此可见,小胡找到170元改成17就可以了。

22 赠送的酒席

小朋友们,你们平时有没有跟随大人去参加酒宴呢?我们现在就来讲一个有关酒宴的有趣故事。

在一个家庭里面有5口人,周末的时候,这家人总是会去一家高档饭店吃饭。与饭店老板相熟之后这家人就提议让老板给他们点优惠，免费送他们一餐。聪明的老板想了想，说道："你们这一家人也算是这里的常客，只要你们每人每次都换一下位子，直到你们5个人的排列次序没有重复的时候为止。到那一天之后，别说免费给你们送1餐，送10餐都行，怎么样？"这家人很爽快地答应了，但是，实际上他们是上了精明老板的当了。

请问，这家人要在这个饭店吃多长时间饭才能让老板免费送10餐呢？聪明的小朋友，你能够计算出来吗？

赠送的酒席的答案：

这家人要在840天后才能吃到老板免费送的10餐。

23 买鸡和卖鸡

从前，有个老大妈，她非常会精打细算，并且尽心照料自己的家人。

有一次老大妈在市场上花了8元钱买来一只老母鸡，但是，她买好鸡以后又觉得不划算，就以9元钱的价格把鸡给卖掉了。

但是，卖掉鸡以后老大妈又想起今天是小孙儿的生日，小孙儿最爱吃鸡了，还是买一只活鸡给他庆祝生日吧。

于是，老大妈花了10元钱把鸡买了回来。回家一看，发现家里已经有人买回鸡了。于是老大妈又将这只鸡以11元的价格卖给了别人。

请问：老大妈一共赚了多少钱？

买鸡和卖鸡的答案：

老大妈第一次赚了 1 元钱，第二次又赚了 1 元钱。所以，老大妈一共赚了 2 元钱。

24 贸易会上的问题

朋友们，你们知道什么叫贸易会吗？贸易会就是生产商和供货商及销货商进行货物交易的地方。那么，我们现在就来讲诉一个在贸易会上发生的事情。

一天，在一次贸易会上，有 5 个人进入贸易厅。按照贸易会会场规定每个进入贸易会的人，都必须把自己随身携带的公文包交给保安验证。只有经过验证后，保安再把公文包还给他们。由于保安的疏忽，4 个人离开时发现：他们每个人拿的都不是自己的公文包。

朋友们，请你思考一下，这种情况发生的概率是多少？再想一想：如果是 n 个人发生了这个情况，那么发生的概率又是多少呢？

贸易会上的问题的答案：

这种情况发生的概率是 1/25，如果是 n 个人这种情况发生的概率是 $\dfrac{1}{n \times n}$ （$n>1$）。

25 卖房子的结果

很久以前,有个中年人叫约翰。他辛勤工作,省吃俭用,攒足了钱,从房东那里以八折的买待位下来一套价值3000美金的房子。有一天,约翰接待了一位非常尊贵的客人。谁知,这位客人提出来一个让约翰很为难的要求:他要求约翰以买价加两成的价格将房子转卖给他。

由于这位朋友是约翰生死相依的好战友,约翰就不假思索地答应了。

那么,小朋友们,你们能说出在这次交易中约翰到底是赚了多少或者亏了多少吗?

卖房子的结果的答案:

因为约翰以2400美金的价格买来的房子加上两成卖出去,所以约翰赚了480美金。

26 谁来听课

一位极负盛名的战斗英雄来做演讲,他的演讲十分精彩,非常成功。在演讲结束以后,很多人要求和他拍照留念,并请他签字。他都一一答应了。

事后,有人问他:"同志,您好。一共有多少人来听您这次演讲？"

战斗英雄笑着说："在这次演讲的听众当中，有一半是机关干部，有四分之一是工人，有七分之一是农民，当然，还有3名学生。"

好了，亲爱的小朋友们，你们能够计算出一共有多少人来听战斗英雄的演讲吗？

谁来听课的答案：

一共有28人来听战斗英雄的演讲。其中，机关干部14人，工人7人，农民4人，学生3人。

27 童话故事选的单价

小朋友们，你们喜不喜欢看童话书呢？是不是被故事里引人入胜的情节所吸引呢？大家有空可以去书店逛一逛，因为那里精彩的书籍实在是太多了。它们一定会满足自己看书的需要。好了，我们现在就来讲一个有关学生买书的故事。

6个同学一起去新华书店买书，一本精装版童话故事选吸引了大家，每人都想买一本，大家身上分别有18元、14元、16元、19元31元和15元，每人都不够买一本，但是其中有两个同学的钱合起来恰好可以购买一本，另外3个同学的钱合起来恰好可以再买一本。

那么，一本精装版童话故事选的单价是多少？

童话故事选的单价的答案：

一本精装版童话故事选的单价是49元。

28 小贩之间的交换

三位生意不太好的小贩老王、老李、老张三人聚在一起想办法。

老王对老李说："我用6头猪来交换你1匹马，那么你的牲口数将是我所有牲口数的2倍。"

老张对老王说："我用14头羊来交换你1匹马，那么你的牲口数将是我所有牲口数的3倍。"

老李对老张说："我用4头牛来交换你1匹马，那么你的牲口数将是我所有牲口数的6倍。"

于是他们成功交换到了自己所要的牲口。接着，他们又在一起聊开了。

你们聪明的小朋友，在看完这个故事后，你能不能计算出老王、老李、老张三人各自有多少头牲口？

小贩之间的交换的答案：

在这三名小贩中老王有11头牲口，老李有7头牲口，老张有21头牲口。

29 赚钱还是赔钱

一次城南的百货公司新进了一批新款服装。由于这批服装款式新颖、质地柔软,所以很受欢迎,这款服装的销量每日剧增。鉴于此,该百货公司的经理决定提价10%。但是,好景不长。过了一段时间,服装开始滞销,公司的经理决定打出降价10%的促销广告来吸引顾客。

于是,人们纷纷议论。有人说这家百货公司实际上在瞎折腾,它们实际上还是回到了原来的价格;有人说百货公司是靠出售物品来赚钱的,不会干赔本的买卖;还有人说百货公司自作聪明,实际上是赔了钱的。

好了,小朋友们,你们来计算一下,百货公司是赚了呢,还是赔了呢?或者是不赚也不赔?

赚钱还是赔钱的答案:

百货公司实际上比原价是赔了钱的,赔了1%。

30 卖丝巾的问题

有一次,一家小型的饰品店要低价处理一批丝巾。

老板决定将原价20元一条的丝巾降价到8元一条,结果还是无人问津。无奈,老板只好再降价,降到3.2元一条,但是丝

巾依然卖不出去，最后老板只好把价格降到1.28元一条。老板心想，如果这次再卖不出去，就只能按成本价销售了。那么这条丝巾的成本价是多少呢？

卖丝巾的问题的答案：

老板降价是有规律的，他每次都是以原价格的2.5倍往下降，20/8=2.5，8/3.2=2.5，3.2/1.28=2.5，1.28/2.5=0.512。因此，这条丝巾的成本价是0.512元。

第五章

如何分配呢

　　数字不仅出现在课堂上，在我们日常生活中更是常见。

　　当然我们重视的不仅仅是数字，更重要的是数字分配背后所包含的思维逻辑。只要你仔细观察就会发现，生活中的数字思维和分配经常出现，它们看似简单，却因为种种客观条件和现实情况，不仅需要我们对数字有敏感性，更重要的是学会和掌握数字背后的思维逻辑。

　　本章的故事所讲述的就是日常生活中常出现的现象，试着透过故事理解数字内部蕴含的思维逻辑吧。

房间的价格

有三位客人住进了一所宾馆。这三个人各住了一间房间，每间客房的价格是 10 元钱。所以，他们三人一共付给宾馆老板 30 元现金。

老板决定给他们的房费打折，对这三间房只收 25 元。然后，准备把这多出来的 5 元现金退还给三个客人。

于是，他拿出 5 元钱，并且叫了一名服务员来把 5 元现金退还给三个客人。可是这名服务员喜欢动歪脑筋，他偷偷地自己拿了 2 元钱，然后给三位客人每人只退还了 1 元。

这样一来，就等于那三位客人每人各花费了 9 元钱，三个人住宿花了 27 元钱，另外，加上服务员私吞的 2 元钱现金，总共是 29 元。

令人费解的是这三位顾客一共付了 30 元，那么，亲爱的朋友们，你们能算出还有 1 元钱到哪里去了吗？

房间的价格的答案：

其实顾客总共只花了 27 元，这 27 已经包括了服务员私吞的 2 元和老板实收的 25 元。在这件事中不会存在少了 1 元的说法。

2 桃子的分配

又到了桃子成熟的季节，猴子妈妈把给小猴一天要吃的桃子按照早、中、晚三餐，依次放在三个盆子里。

猴子妈妈走后，小猴看了一看，觉得晚餐太多早餐太少。于是，小猴就动手从第1个盆子里取出2个桃，放在第2个盆子里；从第2个盆子里取出3个桃，放在第3个盆子里；从第3个盆子里取出5个桃，放在第1个盆子里。这时，3个盆子里的桃子数量都是一样的，每个盆子里各有6个桃子。放完桃子，小猴满意极了。

好了，亲爱的小朋友，你能计算出猴子妈妈是怎么给小猴分配早餐、午餐和晚餐的吗？

桃子的分配的答案：

妈妈给小猴分配早餐3个桃子，午餐7个桃子，晚餐8个桃子。

3 分苹果的故事

小明、小白、小黑是三个非常要好的小朋友,他们经常在一起玩耍。

有一次,他们到城里游玩,在朋友的推荐下,他们合买了好多又甜又大的苹果,三人准备把苹果带回老家去。然后,在城里休息一晚,然后把这些带回家去。

第二天一早,小明第一个醒来,他看到其他两人正在睡觉。便自作主张地将苹果分成三份,结果发现苹果还多出一个,他想也没想就把那个苹果给吃了。然后,拿着自己的那份回家去了。

小明离开不多久,小白第二个醒来,他看了看小黑正在睡觉。再一看小明不在屋里,他想:"糟糕,粗心大意的小明怎么没有带苹果就先走了呢,不行我来把苹果分一下。"于是小白又将剩下的苹果分成三份,结果发现苹果又多出一个,他想也没想就把多出来的那只苹果给吃了。然后,拿着自己的那份回家去了。

小白离开不多久,小黑最后一个醒来,他看了看小明和小黑都已经离开了。再一看桌上的一堆苹果,他想:"糟糕,粗心大意的小明和小白怎么没有带苹果就先回去了呢,不行我来把苹果分成三份。"小黑在分完苹果后,发现还多一个,他就把多出来的那只苹果给吃了。

好了,亲爱的小朋友们,你们知道小明、小白、小黑买了至少合买了几个苹果?

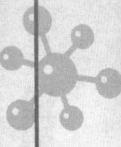

分苹果的故事的答案：

小明、小白、小黑至少合买了有25个又甜又大的苹果。

4 检票口的个数

亲爱的小朋友们，你们有没有注意过火车站、地铁站的检票口？我们现在就来讲述一个有关检票口的故事。

一天，明明的爸爸带明明去看望爷爷奶奶。明明非常兴奋，在等待验票的时候，明明发现一个问题：旅客在车站候车室等候检票，并且排队的旅客按照一定的速度在增加，检票速度一定，当车站开放一个检票口，需用半小时可将待检旅客全部检票进站；同时开放两个检票口，只需10分钟便可将旅客全部进站。

现在，有一班增开列车过境载客，必须在5分钟内旅客全部检票进站，问此车站至少要同时开放几个检票口？

检票口的个数的答案：

为了让旅客能够在5分钟内全部检票进站，此车站至少要同时开放4个检票口。

5 哪个公司薪水高

从前，有一位名叫菲尔的大学生，他聪颖好学，成绩优异，他刚刚大学毕业，他所面试的两家公司都有意想录取他。当然，菲尔只能在这两家公司中选择一家。

这两家公司的发展机会差不多,而且薪水都是十万美元一年;所以,加薪问题就成为菲尔考虑进入哪一家公司的主要因素。对于菲尔的顾虑,两个公司做出了不同的回答。

甲公司回答说:他们保证菲尔的薪水每6个月可以增加3000美元。

乙公司回答说:他们保证菲尔的薪水每12个月增加12000美元。

亲爱的小朋友,你们会帮助菲尔选择哪一家公司呢?

哪个公司薪水高的答案:

在这两家公司中,相比之下菲尔计算出:甲公司待遇高,所以选择了甲公司。

6 皇后的珠宝

在很久很久以前,有一位非常美丽的皇后,她拥有许多珠宝。有一天,这位皇后把自己的女儿——几位美丽的公主叫到身边,

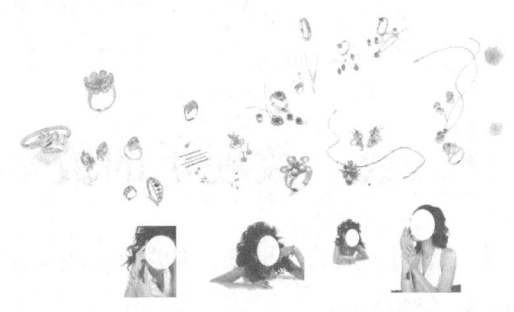

皇后想赏赐给公主们一些珠宝。但是，她为了考验女儿们是否聪明机智，便出了一道题，让公主们猜猜自己到底有多少首饰。

皇后说："我有一个金珠宝箱和一个银珠宝箱。箱子里分别装有几件珠宝。如果我把金珠宝箱中 25% 的首饰赠送给第 1 个算出这道题目的人，我把银珠宝箱中 20% 的首饰赠送给第 2 个算出这道题目的人；然后，我从金珠宝箱中取出 5 件，送给第 3 个算出这道题目的人；接着，我从银珠宝箱中取出 4 件，送给第 4 个算出这道题目的人。最后，我的金珠宝箱中剩下的比分掉的多 10 件珠宝，而且银珠宝箱中剩下的与分掉的比例是 2∶1。我亲爱的女儿们，你们，能够帮我计算出我的金珠宝箱和银珠宝箱中，原来各有多少珠宝吗？"

听完皇后的话。几位公主都正确地回答了皇后的问题。这使皇后非常满意，于是，她就按照自己所说的分给了公主们若干珠宝。

好了，小朋友们，你们是不是也能计算出皇后的金珠宝箱和银珠宝箱中，原来各有珠宝是多少？

皇后的首饰的答案：

皇后的金珠宝箱中，原来有珠宝 40 件。皇后的银珠宝箱中，原来有珠宝 30 件。

7 数一数硬币的数量

从前，有一个叫杰克的小男孩，非常喜欢收集硬币，他喜欢每天清点硬币作为消遣。

有一天，杰克把他 1 分、2 分、5 分的硬币分别放在 5 个相同的小纸盒里。并且，每个小纸盒里所放的 1 分的硬币的数量相同，每个小纸盒里所放的 2 分的硬币的数量相同，每个小纸盒里所放的 5 分的硬币的数量相同。

杰克就把 5 个纸盒里的硬币都倒在书桌上。然后把它们分成 4 份，每份的同种面值的硬币数量都相等。接着，杰克又把其中的两份都混合起来，把混合好的硬币分成 3 份，当然每份的同种面值的硬币数量也都相等。

好了，小朋友们，你们现在知道杰克至少拥有多少个 1 分、2 分、5 分硬币吗？动用你聪明的小脑筋算一算吧。很快，你就会有答案的。

数一数硬币的数量的答案：

杰克拥有的硬币中，每种硬币至少有 60 枚。

8 年龄的计算

在很久很久以前，有 3 个感情非常好的亲兄弟，老大叫阿明，老二叫阿亮，老三叫阿华。他们在生活中互相帮助，和睦相处。

有一天，隔壁那家的樱桃熟了。阿明、阿亮、阿华看着樱桃，口水都要流下来了。

隔壁的大伯就从树上摘了一些樱桃分给三兄弟，这可乐坏了阿明、阿亮、阿华。隔壁大伯赠送给阿明、阿亮、阿华的樱桃数目正好是阿明、阿亮、阿华三个人三年前的岁数。

小弟弟阿华是个非常聪明的小朋友。他转来转眼珠，想了一想，主动要求把樱桃让给阿明、阿亮两个哥哥。他对两个哥哥说："我只留下一半樱桃自己吃，其他的那一半你们拿去平分吧。"

阿亮看到弟弟主动要求把樱桃让给阿明和自己两个人，他觉得非常不好意思，于是他就对大哥和小弟说："我也只留下一半樱桃自己吃，其他的那一半由哥哥和弟弟平分吧。"

阿亮看到两个弟弟主动要求把自己的那份樱桃让出来，他也觉得非常不好意思，于是他就对两个弟弟说："我也只留下一半樱桃自己吃，其他的那一半由两个弟弟拿去平分吧。"就这样，三个人都分到了 8 个樱桃。

好了，故事讲完了，亲爱的小朋友们，你能不能推断出阿明、阿亮、阿华现在的年龄吗？试一试吧，你一定能行的。

年龄的计算的答案：

三兄弟之中：阿明现在是 16 岁，阿亮现在是 10 岁，小弟弟阿华现在是 7 岁。

9 正确地分酒

从前,有一个酒鬼,他非常喜爱喝酒,但是,他非常乐于助人,大大咧咧的,倒也受人欢迎。

有一天,这个酒鬼晚上出去打了10斤酒,正当他想把它带回去美美地享受一顿的时候。他在回家的路上碰到了一个老朋友,恰巧这个朋友也是去打酒的。

不过,当时,酒家已经没有多余的酒了,并且,这个时候天色已晚,别的酒家也都已经关门了,朋友看起来十分着急。于是,这名老酒鬼便决定将自己的酒分给他一半,可是朋友手中只有一个7斤和3斤的酒桶,两人又都没有带称,如何才能将酒平均分开呢?

正确地分酒的答案:

第一步,先将10斤酒倒满7斤的桶,再将7斤桶里的酒倒满3斤桶;第二步,将3斤的桶里的酒全部倒入10斤桶,此时10斤桶里共有6斤酒,而7斤桶里还剩4斤;第三步,将7斤桶里的酒倒满3斤桶,再将3斤桶里的酒全部倒入10斤桶里,此时10斤桶里有9斤酒,7斤桶里只剩1斤;第四步,将7斤桶里剩的酒倒入3斤桶,再将10斤桶里的酒倒满7斤桶,此时3斤桶里有1斤酒,10斤桶里还剩2斤,7斤桶是满的;第五步,将7斤桶里的酒倒满3斤桶,即倒入2斤,此时7斤桶里就剩下了5斤,再将3斤桶里的酒全部倒入10斤桶,这样就将酒平均分开了。

10 分汽车的数学题

在很久以前,有一位非常富有的老人,他唯一的爱好就是收藏昂贵的古董汽车。他拥有11辆古董汽车,每辆价值5000美元。

老人感觉自己不久于人世。于是,他把自己的11辆古董车分别赠送给三个儿子。为此,老人留下这么一份遗嘱:将自己收藏的11辆古董车的一半分给大儿子,四分之一分给二儿子,六分之一分给三儿子。

看完遗书后,众人都感到迷惑不解。怎样把老人的11辆古董车分成相等的两份呢?怎样把老人的11辆古董车分成相等的四份呢?怎样把老人的11辆古董车分成相等的六份呢?

分汽车的数学题答案:

假设我们有12辆古董车,那么老大分到6辆,那么老二分到3辆,那么老三分到2辆,然后余下一辆正好是我们先前假设的。

11 奇怪的比例

一共有30个男孩和30个女孩，一辆车乘有30个男孩，另一辆车乘有30名女孩。

路上停车休息时发现有10个男孩趁司机不留神，悄悄地从他们的汽车上下来，走到了女孩们乘坐的那辆汽车。这使得女孩乘坐的那辆汽车的司机非常生气，他愤怒地吼道："胡闹！请同学们不要这样，超载是违反公共交通条例的，所以，你们必须下去10个！"

后来，下去了10个人，走上了男孩乘坐的汽车。到了宿营地，老师发现这两辆汽车所载的乘客的异性乘客比例都一样。这是怎么回事呢？小朋友，请你来计算一下这是怎么回事。

奇怪的比例的答案：

因为两辆车上的座数是相等的，所以无论调换上去几个男孩或女孩，异性比例都一样。

12 轮流上班

现在，我们就来讲一个有关建造隧道时，工人叔叔们遇到的问题。

一次，工人们在某市的一个地下隧道进行现场作业。他们一共有60名工作人员轮流施工。

由于施工现场位于地下工人们只能靠灯具照明。所以,现场的工人们根本就没有办法分辨白天黑夜。

更让人头痛的是:因为这个施工现场有磁场,任何钟表在这个工地上都会失灵。

按照有关规定:每过一个小时,这60个工人中的10个必须到地面上来休息。在这种既不知道时间,又和外界没有任何联系的情况下,这60个工人,都做到了准时轮班。

那么,亲爱的小朋友,你们知道工人们是怎样做到"准时轮班,而且时间是分秒不差"的吗?

轮流上班的答案:

他们的做法是:第一批10个人先到地面休息。一小时后到地下的施工现场与下一批人交班。如此反复就可以了。

13 手指的组合

下课了,小李和小红在一起兴奋地玩着一种伸手指说数的游戏。

游戏规则是这样的:两人各伸出一只手,一只手只有5个指头,任意出几个指头。一边伸手,一边说数,如果谁说的数正好等于两个人伸出的指头数的和,谁就算赢。有人认为,这完全都是靠运气赢,没有什么规律可循。然而这是有一定概率的。小朋友们你们能够计算出输赢的概率么?

手指的组合答案：

输赢的概率的多少是这样计算的：指头和为0、10的情况各一种，和为1、9的各两种，和为2、8的各3种，和为3、7的各4种，和为4、6的各5种，和为5的共6种。可见，和为5的组合最多，也就是说，说5赢的机会相对较多。

14 猎物的多少

有一天，三位互不相识的猎人老王、老张、老李在打猎途中相遇了。他们为了狩猎安全，便结伴去打猎。

那一天，他们打了好多猎物，在即将分别的路口，他们相互赠送了一些猎物。

老王先把自己所打的猎物赠送给了老张和老李，他所送的数目和两个人原来的猎物数目是相等的。然后，老张也把自己所打的猎物赠送给了老王和老李，他所送的数目分别等于老王和老李在第一次老王送后所拥有的猎物的数目。最后，老李把自己现有的猎物赠送给了老王和老张，他所送的数目分别等于两个人在第二次赠送后所拥有的数目。

老王、老张、老李在分手后都数了数袋子里的猎物，三个人各有16只猎物。那么，小朋友们，请问老王、老张、老李原来每个人各打到了几只猎物呢？

猎物的多少的答案：

原来老王有26只猎物，老张有14只猎物，老李有8只猎物。

15 种玉米的故事

在很久很久从前，有一个贪婪的地主，他雇了两个长工给他干农活。两人中一人擅长耕地，但不擅长种玉米；另一人恰相反，擅长种玉米，但不擅长耕地。地主让他们种20亩地的玉米，俩人各包一半。于是工人甲从北边开始耕地，工人乙从南边开始耕地。甲耕一亩地需要40分钟，乙却要用80分钟，但乙种玉米的速度比甲快3倍。种完玉米后地主根据他们的工作量给了他们20两银子。请问俩人如何分这20两银子才算公平？

种玉米的故事的答案：

工作量就是一人一半，工钱是与工作量有关的，这与他们的工作速度并无关系，工钱自然均分，所以一人10两银子。

16 包子店的老板娘

包子店已经营业，生意非常不错，于是老板娘决定举办周年大酬宾活动，免费请 100 个人吃 100 个包子。

由于大人跟小孩的食量不同，老板娘预计，一个大人要吃 3 个包子，而三个小孩才会吃 1 个包子。

想到这里，老板娘犯了难：应该请多少个大人，多少个小孩，才能刚好吃完这 100 个包子呢？

小朋友们，你们可以帮老板娘算一下吗？

包子店的老板娘答案：

请 25 个大人，75 个小孩。

17 得票数量

一个班级一共有 49 人。在班级选举时，准备从班主任老师提供的 9 个候选人中选出 3 人担任班干部。在这次的选举中，全班每个人只需投一次票，票面上只允许写一个候选人的名字。

请问小朋友们：每个当选的学生，他们最低的得票数为多少？

得票数量的答案：

每个当选的学生，他们最低的得票数为 13 票。

18 大米的数量

传说，古印度有一个人发明了一种游戏棋，棋盘共64格，玩起来十分新奇、有趣。他把这种游戏棋献给了国王。国王玩得十分开心，便下令赏赐这位献棋人。

臣下问献棋人想要什么。献棋人说："我只需要粮食，请国王给点粮食便心满意足。"问他需要多少粮食，献棋人只要求在棋盘的第一个格子里放一粒米，在第二个格子放两粒米，第三个格子里放四粒米？总之，后面格子里的米都比它前一格增大一倍，把64格都放满了就行。

国王一听，满口答应。大臣们也都认为：这点米，算得了什么，便带着献棋人去领米。岂料，到后来把所有仓库里的存米都付出了，还是不够。小朋友们你们知道这是为什么吗？

大米的数量的答案：

米粒数根据制棋人的要求。可列式为：

$1 + 2 + 2^2 + 2^3 + 2^4 + 2^5 + \cdots\cdots + 2^{64} - 1 = 18446744073709551615$（粒），国库中当然不可能有那么多的粮食。

19 奇怪的计程表上的数字

一天,有一辆计程车在马路上以均匀的速度行驶。计程车司机可见计程表上显示的是两位数,他看了看手表,然后记下了时间。

一个小时后,司机再看计程表,那上面仍然是两位数,但是数字的顺序与计程车司机所看到的数字顺序是颠倒的。

就这样又过了一个小时,计程表变成了三位数,其数字恰好是第一次计程车司机看到的两位数中间增加了一个0。

请问:这辆计程车的速度是每小时多少千米,三次计程表上的数字各是多少?

奇怪的计程表的数字的答案:

这辆计程车的速度是每小时45千米,三次计程表上的数字分别是16、61、106。

20 买苹果的故事

有5个人去买苹果,他们买的苹果数分别是A,B,C,D,E,已知A是B的3倍,C的4倍,D的5倍,E的6倍。

那么请问小朋友们,你们能够算出A+B+C+D+E最小值是多少吗?

买苹果的故事的答案：

A=60，B=20，C=15，D=12，E=10，A+B+C+D+E=117

21 乐乐球的故事

星期天，爸爸带阿红到玩具店去买乐乐球。回到家，她急忙拆开包装，拿出来玩。拿出记分卡之后，她愣住了。心里想："这怎么记分呀？"只见记分袋里装的是写着这样一些数的8张卡片：1、2、2、5、10、10、20、50。阿红急得喊："爸爸，快来呀。""怎么了？"爸爸走了过来。阿红指着卡片说："你看这怎么记分呀？一次得1分，可就这么几张卡片也不够啊，是不是这袋子里装错了？我们快回去商店换吧。"爸爸不紧不慢地说："没有错，可以记的，你再仔细看看，动动脑筋。"

阿红皱起眉头，把8张卡片放在桌子上，一会儿又动手摆了起来。突然眼睛一亮："爸爸我知道了！"小朋友们，你们知道乐乐球的计数方法吗？

乐乐球的故事答案：

1分时用1，得2分时把1拿回换上2，得3分时再加上1，得4分时拿回1，换上2……这样用这8张卡片可以记100以内的所有分数。

22 不同面值的邮票

小朋友们,你们收集过邮票吗?是不是也想像大人那样,拥有许多花花绿绿的邮票?小红就是这样一个集邮爱好者,她的集邮册里夹满了各式各样的邮票。

有一次,小红又在那里欣赏自己的宝贝邮票,突然发觉有五枚面值不同的邮票很有意思:

A 的邮票面值是 B 的邮票面值的两倍;B 的邮票面值是 C 的邮票面值的四倍半;C 的邮票面值是 D 的邮票面值的一半;D 的邮票面值是 E 的邮票面值的一半。

问题来了,小朋友们,你们能说出这五枚邮票面值从小到大的排列顺序吗?

不同面值的邮票的答案:

这五枚邮票面值从小到大的排列顺序为:C、D、E、B、A。

23 啤酒瓶的回收

烈日炎炎的夏天是啤酒销售的旺季。啤酒商提高本品牌的啤酒销量规定:只要购买本品牌的啤酒,用四个空瓶就可以换一瓶啤酒。

明明的爸爸酷爱喝啤酒,他把喝光的啤酒瓶都存起来。

明明的爸爸数了一下空瓶，发现家里共有 201 个空瓶。于是，明明的爸爸叫来明明，"儿子，你的数学成绩那么好，帮我算算，我利用这 201 个空瓶，一共可以调换多少瓶啤酒？"

亲爱的朋友们，你们可以帮明明计算一下么？

啤酒瓶的回收的答案：

明明的爸爸一共可以调换 67 瓶啤酒。

第六章

算算谁会赢

学会数字,学会计算,学会数字中蕴含的思维不仅帮助我们在课堂上获得高分,而且在生活中,掌握数字思维会对日常行为带来种种意想不到的惊喜和收获。譬如获得胜利的几率,彩票的计算结果,游戏的输赢等。

只要你用心掌握数字,你就会发现生活中处处可见数字的身影,利用所掌握的知识,可以丰富我们的生活和心灵。

赛跑的结果

吉米和杰克是一对情同手足的好朋友,他们经常在一起玩耍、学习、工作……

一次吉米对杰克说:"我们来进行一次赛跑怎么样?"杰克马上就答应了。吉米以前是学校的运动员,受过正规训练,虽然杰克的跑步速度也很快,但是,怎么能够和吉米的速度相提并论?等吉米跑到终点时(1000米),可怜的杰克才跑了990米。这使杰克非常懊恼,他吵着嚷着,要求吉米再和他比赛一次。

吉米笑着答应了,接着他说:"我是受过专业训练的。这样吧,我后退10米。然后,我们同时开跑,这样,比较公平一点。这次谁领先谁就算赢。"杰克一口答应了。

亲爱的小朋友,你试想一下,如果吉米和杰克的速度不变,那么,第二次比赛谁将获胜?

赛跑的结果的答案:

第二次比赛还是吉米获胜。

跳跃比赛的输赢

在一片田野中,有一条废弃的铁道。这条废弃的铁道从开始到终点一共是100根枕木。

小聪和小明是住在这条废弃的铁道边上的村落里的居民。他们时常到这里来玩一种叫蹦蹦跳的游戏。

一天，他们又要进行蹦蹦跳游戏。游戏规则：从开始跳到终点，再立刻往回跳。谁先回到原处，谁就胜出。

小聪个子高大，从第1根枕木起跳。可以跳过2根，落在第4根枕木上；而小明个子矮小，从第1根枕木起跳，只能跳过1根，落在第3根枕木上。不过小明身体灵活轻盈，小聪每跳2跳，小明可以跳3跳。

好了，小朋友们。在这场比赛中到底谁能获胜呢？开动脑筋想一想，你们就知道了。

跳跃比赛的输赢的答案：

在这场比赛中，是小聪获胜。

3 比赛的胜利者

在电视台的一个娱乐节目里,正在进行一个有趣的游戏。

划火柴比赛的规则是:比试两个人中的划火柴速度。胜利的一方可以领取超过 2000 美金奖品;而输的一方,不但不能拿到任何奖品,还要向胜利者鞠躬求饶。参加比赛的每个人各拿 100 根火柴进行比赛。

佳佳和莉莉都参加了这场比赛。她俩恰巧被分在了一组。佳佳 1 秒钟可以划 1 根火柴,莉莉 2 秒钟可以划 3 根火柴。

那么,请问小朋友们。你们能够算出:当佳佳划到第 93 根火柴的时候,莉莉已经划了几根火柴?

比赛的胜利者的答案:

莉莉已经划了 100 根火柴,因为每个人只有 100 根火柴。

4 NBA 的结果

在一场精彩的 NBA 篮球比赛结束后,观看这场比赛的球迷们纷纷议论起来。

第一种说法,观看这场赛事的球迷们认为 NBA 篮球比赛的选手的体力非常强劲,整场比赛双方都没有替换过人。

第二种说法,这次 NBA 篮球比赛双方的水平都很高。其中,得分最高的那名篮球球员,居然一人独得 30 分。并且,有 3 名篮球队员的得分不到 20 分,但是,这 3 名篮球队员所得的分数是各不相同的。

第三种说法,这次 NBA 篮球比赛中,客队队员的个人技术十分接近,客队得分最多的比得分最少的只差 3 分。

第四种说法,在这次 NBA 篮球比赛中,全场比赛只有 3 名队员得分相同,都是 22 分,而且这 3 名队员不是全部在同一个队。

第五种说法,在这次 NBA 篮球比赛中,主队队员的个人得分是一组等差数列。

好了,亲爱的朋友们,你能根据以上的条件判断出这次 NBA 篮球比赛的具体结果吗?

NBA 的结果的答案:

这次 NBA 篮球比赛的具体结果是:主队 110 分,客队 104 分。

5 赌局的输赢

一天，教授麦克和他的两个学生结伴到餐厅吃饭，教授灵机一动想出来一个问题来考考大家。

教授说："我来邀请你们玩一个新游戏。现在，把你们的口袋里的钱包都放在桌子上，我来数一数里面的钱有多少。然后钱包里钱数最少的那个人就可以赢走另一个人钱包里的所有钱。"

于是学生A想："如果我的钱比学生B的钱要多的话，B就会赢走我的钱。但是，如果B的钱多的话，我就会赢走多于我的钱，所以说我赢走的钱比我会输的钱多。这个游戏对我有利。"

同时，学生B想："如果我的钱比学生A的钱要多的话，A就会赢走我的钱。但是，如果A的钱多的话，我就会赢走多于我的钱，所以说我赢走的钱比我会输的钱多。当然这个游戏对我有利。"

这个游戏怎么可能同时对双方有利呢？聪明的小朋友，真正的答案应该是什么呢？开动你的小脑筋想一下吧，你一定会得出答案的。

赌局的输赢答案：

其实，这是一个很公平的赌局，双方的输赢概率是相同的。

6 谁当小偷

一天，小王、小孙、小明玩警察捉小偷的游戏。可是三个小伙伴没有一个愿意当小偷，他们只愿意当警察，这可怎么办呢？他们想了一下，用抽签来决定是谁当小偷，没有抽到的就做警察。小王、小孙、小明三个都认为：第一个抽签的人，他抽到"小偷"这个角色的可能性最大。所以，小王、小孙、小明三个人没有一个愿意第一个抽签。

这时候数学老师正好路过。小王、小孙、小明迎上去请教张老师。可是，张老师的结论却使小王、小孙、小明三人大吃一惊。

亲爱的小朋友，开动你聪明的脑筋，你将怎么计算三个小朋友的抽签的概率呢？

谁当小偷的答案：

三个小朋友的抽签的概率是一样的，也就是说：先抽或者后抽是一样的。

7 邮资的变化

小敏是一个集邮爱好者,他经常摆弄手中的那些精美的邮票。有一次,他的表妹到他家里来玩。小敏拿出4张3分的邮票和3张5分的邮票。然后,得意地对表妹说:"妹妹,你试试看能用这些邮票中的一张或若干张计算出多少种不同的邮资。"

妹妹听完小敏的话,就开始计算了起来,却没有最终结果。

那么,亲爱的朋友们,听了以上故事,你们能帮妹妹计算出正确的答案吗?

邮资的变化的答案:

用这些邮票中的一张或若干张可以得到19种不同的邮资。它们分别是:5、10、15、3、8、13、18、6、11、16、21、9、14、19、24、12、17、22、27。

8 不同的推断

从前,一对孪生兄弟名叫宝宝和贝贝。一次他们在家门口玩耍,宝宝有一个玻璃球,贝贝有两个玻璃球。他们向在地上竖着的一根立柱弹球,谁的玻璃球最接近立柱谁就胜出。

我们假设这对孪生兄弟的技艺完全相同,测量也完全精确,绝对不会引起纠纷,那么贝贝赢球的概率是多少?

现在有两个观点，只有其中一个是正确的。也就是说，必定有一个观点是错误的。聪明的小朋友，你能计算出这两个观点哪个是正确的，哪个是错误的吗？

观点一：贝贝有两个玻璃球，而宝宝只有一个玻璃球，所以，贝贝赢球的概率是2/3。

观点二：分别把贝贝的玻璃球叫作A和B，把宝宝的玻璃球叫作C，那么，势必会出现以下四种可能。

A球和B球都比C球更接近立柱。

仅仅是A球比C球接近立柱。

仅仅是B球比C球接近立柱。

C球比A球和B球都接近立柱。

假设这四种情形中，三种都是贝贝赢。所以贝贝赢球的概率应该是3/4。

好了，故事讲完了，请小朋友们判断一下，以上两种推断谁更加正确？

不同的推断答案：

按照概率的原理：贝贝的概率为2/3，所以第一种推断是正确的。

9 奇怪的运动编号

在一次运动会上，运动员甲、乙、丙、丁因为成绩优异获得了短跑前四名的好成绩。比赛结束后，一位裁判发现了一桩很有趣的事情：原来甲、乙、丙、丁的身上的运动号码有一定的规律。甲的号码数加4，乙的号码数减4，丙的号码数乘以4，丁的号码数除以4，得出来的数值都相等。这四个号码有一个是两位数，另外的一个是个位数。并且刚好是这个号码的运动员所得的名次。好了，小朋友们，你们现在能计算出这四个运动员：甲、乙、丙、丁的运动号码吗？

奇怪的运动编号的答案：

甲、乙、丙、丁他们的运动号码是：甲的运动号码是12号，乙的运动号码是20号，丙的运动号码是4号，丁的运动号码是64号。其中丙的名次为第四名，而且丙的运动号码是4号。

10 掷骰子的概率

小明和小红在玩掷骰子的游戏。他们发现：掷骰子出现 1 的概率是六分之一。这样，连续掷两次骰子，都出现 1 的概率是 1/36；连续掷三次骰子，都出现 1 的概率是 1/216。

那么，小朋友们，如果已经掷了三次骰子，每次都是 1 点，那么第四次掷骰子出现的概率是多少？

掷骰子的几率的答案：

第四次掷骰子出现的概率是 1/6。

11 升职的名单

从前，一个部队里有一个勤务兵，他活泼好动,很喜欢动脑筋。

有一次，他在领导会议上偷偷地听到了这么一个消息：部队的领导准备从 36 个成绩突出的排长中，晋升 6 个人为连长，但是，领导很难从这 36 个排长中选择。于是，领导想了一个办法：他决定让这 36 个排长围成一个圈，然后，让他们从第一个人起报数，从一数到十。每一次的第十个人就是将来的连长。

听到这个消息，勤务兵兴奋极了，他又开始耍弄他的小聪明："我正好有 6 个铁哥们在名单之中，我一定要想办法。帮他们升职。"

好了,听完这个故事,你是不是也想来解答这个问题了呢?开动你的脑筋,想一想,你如果是这个勤务兵,你应该这么安排这6个人的排列位置?

升职的名单的答案:

这个勤务兵为了让他的六个好朋友能够升职。他应该让他的6个好朋友分别站立在4、10、15、20、26、30的位置上面。

第七章

先人的智慧

　　古人对数字的掌握丝毫不逊色于我们现代人。本章的一些小故事都是有关古人对数字的理解，阅读这些小故事，我们就会发现古人的智慧。

有关古人的试题

有一天亚当·斯密正在津津有味地翻阅一本古代文献时,他看到书上有记载着这么一个小故事。他觉得这个小故事非常有趣,他就叫来自己的小孙子,把这个故事告诉他。他说:"根据古文记载,有一个人,在公元前10年出生,在公元10年的生日前死去。亲爱的宝宝,你能计算出这个人去世的时候,他的年龄是多少?"

孙子想来想去,终于说对了这位古人的年龄。小朋友们,你们能够计算出来吗?

 有关古人的试题的答案:

这个人的年龄是18岁,因为年号里没有被称为0年的年。

2 旅行家的旅行故事

有一天，有一位旅行家希望到一个叫派克镇的地方去旅游。为了能够正确找到派克镇这个地方，他就向几位当地人打听从旅馆到派克镇的路怎么走。

当地人很热情地回答了他的问题："朋友，如果你要到派克镇去的话，只有一条路可以走。但是沿着这条路走，你既可以坐公共马车，也可以步行，当然也可以将两种交通方法结合起来进行。所以，如果你要到派克镇的话，有以下四种不同的方案。

"第一个方案，你可以全程乘坐公共马车。但是，马车将要在一个小店停留30分钟。"

"第二个方案，你可以全程步行。如果你在公共马车驰离小旅馆的同时开始出发步行；那么当公共马车到达派克镇的时候，你还有一公里的路程要走。"

"第三个方案，你可以步行离开旅馆，然后走到那个公共马车停留的小店，再坐公共马车。如果你和公共马车同时离开旅馆，那么当你步行了四公里的路程时，公共马车已经到达了那个公共马车停留的小店。因为公共马车要停留30分钟，所以说：当公共马车即将离开小店向派克镇驶去的时候，你刚好赶上这一班公共马车。这样，你就可以乘坐公共马车赶去派克镇了。"

"第四个方案，你可以先乘坐公共马车离开旅馆，然后乘坐公共马车来到那个公共马车停留的小店，再步行，走完其余的路程。"

"值得一提的是第四种方案是最快的方法,如果按照第四种方案做的话,你可以比公共马车提前 15 分钟到达派克镇。"

这位旅行家听完了当地人的讲述,他低头沉思了片刻,很快就计算出来从旅店到派克镇的路程。

好了,故事讲完了。小朋友们,你们能不能像这位旅行家一样,计算出从旅店到派克镇的路程呢?

旅行家的旅故事的答案:

从旅店到派克镇的路程为 9 千米。即 2×4+1=9。

3 有趣的数字

在很久很久以前,有一位非常英明的国王,他手下的臣子也是饱读诗书,非常有能力。

有一天,国王突发奇想,于是,他召集了所有文武大臣前来探讨。

国王说:"我们将 1、2、3、4、5、6、7、8、9 这几个数字在不改变顺序的前提下(即可以将几个相邻的数合在一起成为一个数,但是不可以颠倒)在它们之间填写加号和减号。最终,要使结果等于 100。"

正当其他大臣卖力的计算的时候,一个年轻人把答案呈献给了国王。

国王看了以后非常高兴,马上令人赏赐了块精美的玉石给那位年轻人,小朋友们,故事讲完了,你们能不能说出年轻人的答案呢？

有趣的数字的答案：

这个年轻人的答案是：要使结果等于100，就要这样计算：12+3+4+5-6-7+89=100。

4 迎娶公主的比赛

在很久很久以前。有一位公主，她长得倾国倾城。到了公主婚配的年纪，国王决定亲自为他的掌上明珠挑选夫婿。

于是，各国的王子、王孙、贵族都赶来这个国家向美丽的公主殿下求婚。经过几轮选拔，国王最后决定从甲、乙、丙三位王子之中挑选一个作为自己的女婿。

国王想了一下，说："我决定从你们三位之中挑选一位作为自己的女婿。挑选过程非常简单，你们两个两个地进行决斗，最后胜出的那位就可以迎娶我的女儿。我也会将整个国家赠送给他。"

三位王子听到这么优厚的待遇都十分激动，他们一口答应了国王的要求。

第二天，国王分发给三位王子一人一把手枪。甲王子枪法不好，命中率仅仅是30%；乙王子枪法还可以，命中率是50%；而丙王子枪法最好，命中率是100%。

了解到这个情况，国王为了三方都公正，决定甲王子最先开枪，乙王子随后开枪，丙王子最后开枪。

小朋友们,你能不能计算出哪位王子迎娶美丽公主的概率比较大?

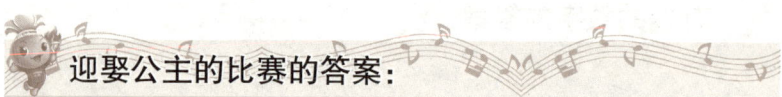

迎娶公主的比赛的答案:

在这次迎娶公主的比赛中:甲王子迎娶美丽公主的概率最大;乙王子迎娶美丽公主的概率第二;丙王子迎娶美丽公主的概率最小。

5 谁坐马车谁坐汽车

有一对亲兄弟,一个成了绅士,一个成了财主。

一天早上,这对亲兄弟想去城里去办事。于是,他们一个乘车,另一个乘坐马车同时从乡下出发。

绅士走了一段路后发觉,如果他走过的路再增加3倍的话,他剩下的路程就要减少一半;财主走了一段路后发觉,如果他走过的路程减少一半的话,他剩下的路程就要增加3倍。

聪明的小朋友,你能根据以上的内容。计算出谁坐的是马车谁坐的是汽车吗?

谁坐马车谁坐汽车的答案:

乘坐马车的是绅士,乘坐汽车的是财主。

6 农田的大小

又到了小麦成熟的季节，田里金灿灿的小麦，颗颗饱满。农民约翰看着农田里满眼的小麦，开始发愁了。

他轻声嘀咕道："我要支付80美元的现金以及若干千克的小麦作为我的这块田地一年的地租。这地租也太多了吧！这可怎么办呢？"

他只能求助于别人，逢人必说：如果小麦的价格是每千克75美分的话，这笔开销相当于每英亩7美元，但是现在小麦的市场价格已经上涨到每千克1美元。所以，他所付的地租相当于每英亩8美元。

那么，请问小朋友，你们能够计算出这块农田有多大吗？

农田的大小的答案：

这块农田有20英亩，农民约翰所支付的小麦的千克数为80。

7 年龄的计算

在很久很久以前。有一户人家,他们是三代同堂。

祖孙三人正好同一天生日。来了许多客人。客人们纷纷送来糕点和许多寿礼。说这一天祖孙三人的年龄加起来正好100周岁,又知道祖父的岁数正好等于孙子过的月数,父亲过的星期数恰好等于他儿子过的天数。

听了这话,来宾们马上算出了祖孙三人各自的年龄。

小朋友们,你们能算出这祖孙三人的年龄吗?

年龄的计算答案:

祖父的年龄60岁,父亲的年龄35岁,孙子的年龄5岁。

8 敲钟的和尚

在一个寺院里,和尚每天都要敲钟,第一个和尚用10秒敲了10下钟,第二个和尚用20秒敲了20下钟,第三个和尚用5秒敲了5下钟。这些和尚每人所用的时间是这样计算的:从敲第一下开始到敲最后一下结束。这些和尚的敲钟速度是否相同?如果不同,一次敲50下的话,他们谁先敲完?

敲钟的和尚的答案：

第二个和尚敲钟的速度是最快的，他最先敲完 50 下。

9 高耸的塔楼

在很久很久以前，在一个宫殿里，有一座很高很高的塔楼。但那个时候人们的测量技术还没有现在那么发达。要是想测量这个"庞然大物"的高度，那是一件非常困难的事情。

于是国王发出皇榜，诏告天下，希望得到一位能够测量出塔楼高度的能人。

很快的，许多能人都纷纷涌进皇宫出谋划策，但工序都十分烦琐。

有一天晚上，又有两个小伙子只带着一把普通的尺子来面见国王，称两人可以很快地测量出塔楼的确切高度。

第二天早晨，文武百官都被国王召集来，聚焦在宫殿的一侧。朝阳把人们的影子投射得又细又长，文武百官就这样站在这里等待两个小伙子来测量塔楼的高度。

而这两个小伙子也站在塔楼前的空地上等着。没过多久，两个小伙子就向所有人宣布了塔楼的确切高度。

好了，故事讲完了，聪明的小朋友，你能回答出小伙子们是怎么来测量塔楼的高度的吗？

高耸的塔楼的答案：

聪明的年轻人就是利用了地上的影子长度来测量出这座塔楼的高度的。当其中一位的影子长度和本人的身高一样时，另一位就赶紧在塔楼的影子上做好记号，并且测量出影子的长度，这样就得到塔楼的高度了。

10 聪明的牧羊人

从前，一个牧羊人带着一只羊、一只狼和卷心菜想要过河，船太小，只有两个位置，不能让羊吃了卷心菜，也不能让狼吃了羊。

在这种情况下，牧羊人想：我该怎样安全而且没有损失地过河呢？他考虑了半天，终于，想出了一条妙计，非常顺利地渡过了河。

小朋友们，你们知道牧羊人是怎样过河的吗？

聪明的牧羊人的答案：

这位聪明的牧羊人是这样过河的：第一次是牧羊人和羊，把羊放到对岸，自己一个人划回来。第二次是牧羊人和狼，把狼放对岸，自己带着羊再划回来。第三次把羊放在岸上，带着卷心菜到对岸，自己一个人划回来。第四次是牧羊人和羊划到对岸。

11 奇怪的方阵

有一位科学家到餐厅去吃饭,在他美餐一顿后。他一边很自然的用牙签剔牙,一边用手在餐桌上用多余的牙签拼出了两个规整的方阵。

它们的规格分别是:1×1、2×2。

科学家一边摆方阵一边思考着这两个简单的方阵摆法,体会着这两个方阵显示出来的复杂的问题。

他想:在 1×1 的方阵中,我只需要取走 1 根牙签就可以将正方形破坏了,但是在 2×2 的方阵中我至少需要取走 3 根牙签才能把所有的正方形全部破坏。原因是这里实际上有 4 个 1×1 和 1 个 2×2 的正方形啊!

科学家放下手中的牙签,向前俯身,注视着桌上的牙签围成的方阵。全身心地投入到这个奇怪例题的解释中去。接着他开始苦苦思索:至少要拿掉几根牙签才能够破坏一个 4×4 的方阵。

他仔细计算,这个方阵里有 1×1 的方块 16 个,2×2 的方块 9 个,3×3 的方块 4 个,4×4 的方块 1 个——在这个方阵里共有 30 个正方形。在科学家看来拿走几根火柴用以破坏所有的方阵是一件轻而易举的事情。但是他不能够确定破坏所有的方阵最少要拿走几根火柴。以此类推,至于 5×5,6×6,7×7,8×8 等情况,一直到 $n\times n$ 的方阵中至少要拿掉几根牙签才能够破坏一个这样的方阵,也就是说能不能总结出一个规律,能够计算出至少拿走火柴的根数。

小朋友看完了这个故事,你是否也想让自己像科学家一样解决这个数学题呢?就首先我们来算一算:对于一个4×4的方阵来说要破坏这30个正方形,至少需要取走几根牙签?

奇怪的方阵答案:

对于一个4×4的方阵来说要破坏这30个正方形,至少需要取走$1/2(n^2+1)+1$根牙签。

第八章

疯狂数独 118

　　小朋友，你们玩过数独游戏吗？数独可是十分有趣并挑战推理以及逻辑思维能力的游戏。说到这儿，你是不是极其想要玩玩这个游戏呢？在本章就列举了近 200 道适合与小朋友们玩的数独游戏。接下来，就让我们先来了解一下相关的游戏规则，一起来开动脑筋，玩一玩这有趣而挑战智力的游戏吧！

　　游戏规则：

　　1. 于 16 方格的大宫格内，每行、每列分别填上 1 至 4 的数字。

　　2. 大宫格内有 4 个分别由 4 个小方格组成小宫格，以粗线作分隔。每个小宫格内亦分别填上 1 至 4 的数字。

　　3. 在空白的小格中填入 1 到 4 的数字，使得最后每行、每列、每小宫格都不出现重复的数字。

第 1 题

3			
		4	
	2	3	

第 2 题

	4		
			4
1			
		3	

第 3 题

2			
3			2
		4	

第 4 题

		1	
	3		2
	2		

第 5 题

	4		
		3	
	2		4

第 6 题

			1
	4	2	
3			

第 7 题

		3	
2			
3	4		

第 8 题

	4		3
	1		
		4	

第 9 题

			2
3			
	4		
		4	

第 10 题

			3
2			
4			
		1	

第 11 题

2		3	
4	3		
			2

第 12 题

		3	
3			
			1
		2	

第 13 题

		4	
2			
1			
		3	

第 14 题

	1		
		4	3
3			

第 15 题

	3		
1		4	
		1	

第 16 题

	4		
		2	
1			3

第 17 题

	2	4	
			3
1			

第 18 题

4		3	
		2	1

第 19 题

4			
			3
	2		4

第 20 题

	1		
2		4	
			3

第 21 题

	1		
4			
			2
3			

第 22 题

			1
4			
			3
		2	

第 23 题

			3
1			2
	2	3	

第 24 题

			3
4			
			2
		1	

第 25 题

2	1		
		1	4

第 26 题

2			
			1
		3	
	2		

第 27 题

		1	
	1		
		4	
	2		1

第 28 题

	1		
3			2
		4	

第 29 题

	3		
	4		3
		1	

第 30 题

			1
4		3	
3			

第 31 题

	1	3	
1	3	2	

第 32 题

		2	1
3	2		

第 33 题

第 34 题

第 35 题

第 36 题

第 37 题

第 38 题

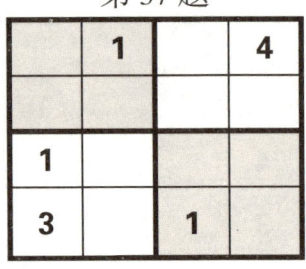

第 39 题

第 40 题

第 41 题

		1	
	3		
	1		4

第 42 题

	3	2	
3			4

第 43 题

		1	
3			4
			2
4			

第 44 题

	1		
			4
2			
		2	

第 45 题

		1	
	3		
	4	2	

第 46 题

3			
	1		
	4	1	

第 47 题

		3	
		1	
4			
1			

第 48 题

	1		2
2		4	

魔幻的数字

第 49 题

4			2
3		1	
2			

第 50 题

	3	4	
	4		
			2

第 51 题

4			
2	3		
		4	3

第 52 题

3			
			1
		2	3

第 53 题

		3	
		1	
1		2	
	3		

第 54 题

4		3	
	2	1	

第 55 题

		3	
	2		4
	4		

第 56 题

3			
	1		
			1
		2	4

第 57 题

2		3	
		2	
	4		

第 58 题

		2	
4	1		
	2		4

第 59 题

			1
			3
4			
3			

第 60 题

2	1		
		3	
	2		

第 61 题

			2
3		1	
	4		
		4	

第 62 题

3	1		
			3
			4
	2		

第 63 题

	2		
4		2	
		3	

第 64 题

			4
4			1
	2		

第 65 题

			3
		2	
1			
			4

第 66 题

		3	
2			
		4	
			1

第 67 题

4			
		4	
			3
	2		

第 68 题

			2
	3		1
	4		

第 69 题

			3
	3	2	
	1		

第 70 题

	1		
	2		4
			3

第 71 题

4	1		
	2		
			1

第 72 题

			4
1			3
2			

第 73 题
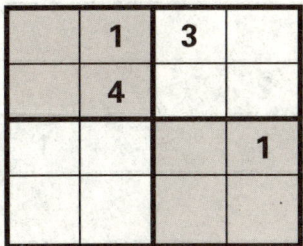

第 74 题
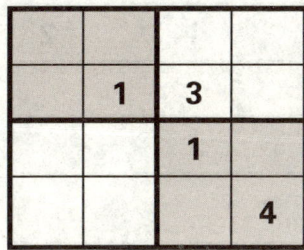

第 75 题
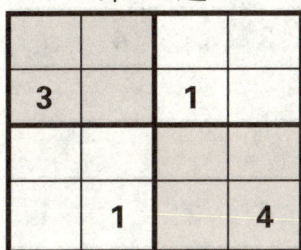

第 76 题
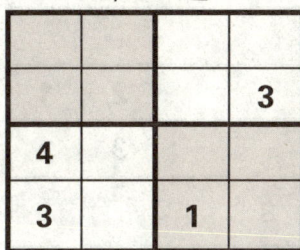

第 77 题
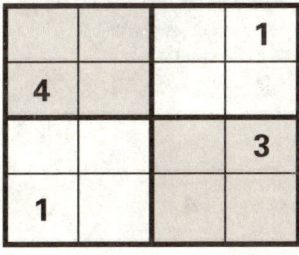

第 78 题

第 79 题

第 80 题

第 81 题

	1		2
	2		
3			

第 82 题

	1		
2			
3			1
		2	

第 83 题

		2	1
		3	2
3			

第 84 题

3		4	
4	2		1

第 85 题

			2
	3		
1		4	

第 86 题

2		1	
			1
		4	3

第 87 题

	4		3
			4
1			

第 88 题

		4	
4		2	1
2			

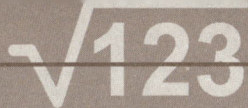

第 89 题

	3		
	2		3
		1	

第 90 题

	2		
		3	
2			
			4

第 91 题

2			
4			
		4	
		1	2

第 92 题

	4	1	
1			2

第 93 题

			2
	3		
2			4

第 94 题

		4	1
2			3

第 95 题

			4
	3	2	
	2		

第 96 题

2		3	
		3	
1			
		1	

第 97 题

2			
	4		3
			4

第 98 题

3			1
		3	
		2	4

第 99 题

			4
3			
		2	
1			

第 100 题

		2	
	3		
		4	
4			2

第 101 题

			4
3		1	
	2		

第 102 题

		4	3
3	2		

第 103 题

2			
		1	
4			
1		4	

第 104 题

		3	
2			1
1			

第 105 题

2			4
		1	
	3		

第 106 题

2			
4		2	
			3

第 107 题

			1
4			2
3			

第 108 题

1			
2			1
		3	

第 109 题

	2	4	
		1	
	3		

第 110 题

	2		1
		3	
			3
		2	

第 111 题

	3		
		2	
	1		
		1	

第 112 题

	1		4
4		2	
	2		

魔幻的数字

第 113 题

第 114 题

第 115 题

第 116 题

第 117 题

第 118 题

第 119 题

第 120 题

第 121 题

3			
			2
	2		1

第 122 题

	1		2
1		4	

第 123 题

		3	
4		2	
	2		

第 124 题

4	1		
			3
1			

第 125 题

3		1	
	4		3

第 126 题

		3	
	4	1	
4			
	2		

第 127 题

	1		
4			
		3	
	2		

第 128 题

2		3	
3			
			1

第 129 题

			2
		1	
	3		4
	2		

第 130 题

2			
			1
		1	4

第 131 题

		4	
			2
4		2	
	1		

第 132 题

			2
	4	1	
	3		
4			

第 133 题

	1		2
	3	4	
	4		

第 134 题

			4
	3		
1			
		1	

第 135 题

1			
3		1	
		2	
		3	

第 136 题

	4		
	3		
			2
			4

第 137 题

1			3
	4		
		2	

第 138 题

		1	3
2			
	3		

第 139 题

	1		
			2
	3		
	2	4	

第 140 题

	1		4
3		1	
	3		

第 141 题

3			4
1		2	

第 142 题

			4
3			2
	2	4	

第 143 题

3		2	4
	2	4	

第 144 题

3			
			2
	4		
		2	

第 145 题

			2
3			
			1
1			

第 146 题

1			
3			2
		3	

第 147 题

	1		
			4
3			
		2	

第 148 题

2			
			1
1	4		

第 149 题

3			
		1	
	3	2	
4			

第 150 题

			3
4			
		4	
3		1	

第 151 题

			2
1			
	2		4

第 152 题

	2		
	3		1
			4

第 153 题

第 154 题

第 155 题

第 156 题

第 157 题

第 158 题

第 159 题

第 160 题

第 161 题

第 162 题

第 163 题

第 164 题

第 165 题

第 166 题

第 167 题

第 168 题

第 169 题

第 170 题

第 171 题

第 172 题

第 173 题

第 174 题

第 175 题

第 176 题

第 177 题

		1	
1			2
4			

第 178 题

		2	
2			
	1		
			4

第 179 题

	1	3	
		4	
	2		

第 180 题

			3
	1	2	
4		3	

第 181 题

2			3
1	4		

第 182 题

		4	
		3	
		4	
			1

第 183 题

2		4	
1			3

第 184 题

		1	3
		2	
			4

148

第 185 题

			3
			1
4			
3		1	

第 186 题

	4		
2			4
		1	3

第 187 题

3			
			1
	4		3

第 188 题

		1	3
4			
			2

第 189 题

	2		3
	4	1	
	1		

第 190 题

			3
		2	
	4	3	
	2		

第 191 题

2		3	
	4		
		2	

第 192 题

1			
			4
3			
4			2

149

第 193 题

第 194 题

第 195 题

第 196 题

第 197 题

第 198 题

第 199 题

第 200 题